基于文化自觉视角的
体育武术研究

李洪超　王晓娟　著

中国原子能出版社

图书在版编目（CIP）数据

基于文化自觉视角的体育武术研究 / 李洪超, 王晓娟著. -- 北京：中国原子能出版社, 2017.6（2024.8重印）
ISBN 978-7-5022-8202-8

Ⅰ. ①基… Ⅱ. ①李… ②王… Ⅲ. ①武术 - 研究 - 中国 Ⅳ. ①G852

中国版本图书馆CIP数据核字（2017）第135058号

基于文化自觉视角的体育武术研究

出版发行	中国原子能出版社（北京市海淀区阜成路43号 100048）
责任编辑	王　朋
责任印刷	潘玉玲
印　　刷	三河市天润建兴印务有限公司
经　　销	全国新华书店
开　　本	787毫米*1092毫米　1/16
印　　张	12.5
字　　数	224 千字
版　　次	2017 年 11 月第 1 版
印　　次	2024 年 8 月第 2 次印刷
标准书号	ISBN 978-7-5022-8202-8
定　　价	48.00元

网址：http//www.aep.com.cn　　　E-mail:atomep123@126.com
发行电话：010-68452845　　　　　版权所有　翻印必究

前言

中华武术是中国的"国宝""国粹"，它的发展与中华五千年的历史同步。随着社会的变革与文化思潮的不断丰富，武术由身体的活动逐渐演变为一个内涵丰富、形式多样富有艺术气息和民族情怀的身体文化体系。在全球一体化的大环境下，国与国之间文化的交流与对弈日趋激烈，武术作为中华民族优秀传统文化的代表，在很大程度上代表着中国身份，成为我国对外交流中的名片。

武术产生于生存斗争的需要，在漫长的历史过程中，武术从单纯的技击术熔融了极其丰富和内蕴深刻的中华民族优秀传统文化之内涵。随着现在兵器的出现于发展，武术的冷兵器技击功能严重萎缩，退化到了几乎无用武之地的地步。尽管武术从发生之时就具有健身价值，然而进入体育领域却是近代的事，在西方体育的影响下，武术成为民族体育的一种形式进入了学校、社会和竞技场。虽然武术运动对于增强体质、磨炼意志有十分显著的效果，然而与当代各种简单易行、方便且富有乐趣的健身活动相比，其优势已经明显减弱。为此，研究和弘扬国学，避免"去中国化"文化危机，挖掘传统文化适应当代的先进性内核，是中国文化研究的当代热点。武术文化作为中国传统文化的"国粹"恰当其时回到学者们的视野。

当今的武术事业，在体育强国视野下正呈现出多元化的发展趋势，传统武术、竞技武术、学校武术、军事武术、健身武术等，既是传统武术的派生物，也是随时代发展的新产品。社会主义市场经济的今天，中华武术应在传承中不断发展，再创辉煌。因此，武术作为一种宝贵的文化资源，应当尽力去挖掘。尽管武术文化在农耕文明时代至多是一种广流于民间的草根文化，但是武术的拳理、拳法、拳规及礼仪之中，无不体现着中国文化的基本精神，蕴涵着朴素的哲学思想、伦理道德、养生观念及审美情趣。尤其可贵的是，武术是在以一种身体语言诠释中国文化，通过动静、快慢、刚柔、虚实等既对立又统一的动作变化，生动地对中国的"阴阳"作出了最好诠释。

武术文化包括许多内容，本书正是从武术的起源、美学分析、象性思维、地域性特征为基点来探讨武术文化，对其进行资源挖掘，努力以文化自觉为视角对武术文化进行分析和探索，并且对武术的训练以图解的形式进行了简述，对实现"体育强国"的目标作出展望。如果通过本书对武术的基本研究，使读者能够对武术文化有所了解乃至在学习过程中产生内在的兴趣，那么，基本上就达到了编者的构想与愿景。

　　由于撰写时间较紧，在写作的过程中难免会有疏漏和问题，在此诚恳希望得到读者的点评和指正，也希望得到武术专家的批评和指教。

作　者
2017年4月

目　录

第一章 历史文化下的体育武术研究

第一节 武术的缘起与冷兵器的历史辉煌

一、武术的缘起

武术作为中华民族的国粹文化，是在长期的历史演进过程中不断创造、逐渐形成的一个运动项目。中华武术在华夏大地上延绵了数千年，历史悠久并根植于民间。它在中华文化的长期熏陶和哺育下，具有鲜明的民族文化特色，世代相传，弥久不衰。在历史的长河中，武术和中国文化同呼吸、共命运，武术文化是中华民族文化的重要组成部分，在中华民族文化史上扮演着重要的角色。武术起源于中华大地，具有悠久的历史，武术的形成与社会的进步、文明的发展息息相关，是人们在社会实践中逐渐形成的一种不折不扣的生存技能，这一点，在原始社会的客观大环境之中体现得尤其直观。原始社会生产力不发达，综合生产水平极其低下，原始先民们为了生存繁衍，就必须同自然界、野兽甚至在人类之间进行搏斗和对抗。在这种搏斗和对抗的生存竞争活动中，先民们不仅被迫运用拳打、脚踢、躲闪等本能性动作与野兽搏斗、对抗，并逐渐学会了拿起石头、木棒等简单的生活工具与野兽抗争，而且还日复一日地积累了劈、砍、击、刺的相关技能和方法，尽管这些动作仅仅是低级的、简单的动作，尚未从原始的生存搏斗和生产活动中脱离出来但正是这些简单的动作作为古代武术的形成奠定了重要的物质基础。从目前掌握的资料来看，武术的起源离不开原始狩猎、部落战争、图腾武武、宗教巫术等多个活动方式。

（一）早期武术形成基础

在学会农作物种植之前，狩猎是原始先民的重要生存手段，同时也是人与兽搏的现实例证。原始先民基于生存而学会的使用石器、木棒击打野兽的方法，在狩猎生产活动中也逐渐得以广泛运用，这些本能的、自发的、随意性的身体动作为有意识的武术搏杀技能的形成奠定了基础。狩猎活动的开展迫使原始人类在残酷的生存环境中不断提高自身的身体素质以及抵御自然界恶劣气候和野兽侵袭的能力，并在"原始群"时代发展中形成徒手或持简单器械的攻防格斗技能，如拳打、脚踢、跳跃、躲闪、跌扑、劈、砍、击、刺等，这些基本动作日渐演变成为武术中的踢、打、击、刺等基本动作，孕育出了武术的初始形态。

我国宁夏西北部的贺兰山留下了各种不同风格和内容的、多姿多彩的狩猎岩画，它们生动地再现了原始社会狩猎文化盛行时期精彩的狩猎场面，为研究早期人类相关武术活动提供了重要的依据。

（二）部落战争加速了武术搏斗技能的转化

新石器时代末期，随着生产力的发展和私有制的产生，各氏族、部落之间为了各自的利益，因为资源、财富等矛盾而频繁爆发战争，使用武力成为掠夺资源、财富的一个重要手段。氏族部落之间这种有组织的战争显著加速了原始武术的形成。

据史料记载，这一时期大规模的战争有黄帝战炎帝、黄帝战蚩尤、夏禹伐九黎、征三苗等，我国史书中记载的最早的一次战事，是神农对斧氏族与遂氏族发动的战争。著名的史学家郭沫若也在《中国史稿》第一册中写道："在通向华夏族形成道路上，传说有三次大规模的部落战争。"第一次是发生在炎帝部落的共工氏和蚩尤氏之间的战争——"蚩尤乃逐帝，战于涿鹿之阿，九隅无遗"。共工拼死战斗，失败后"怒而触不周之山，天柱折，地维绝"。关于这次战事，《韩非子·五蠹》中描写道："共工之战，铁铦短者及乎敌，铠甲不坚者伤乎体"，当时战争的激烈程度可见一斑。第二次是炎黄二帝结为联盟，与蚩尤大战于涿鹿之野，最后，战而胜之。《庄子·盗跖》中说此战双方"流血百里"，可见当时激战之残酷。第三次则是黄帝与炎帝之间的部落战争，双方战于阪泉，"血流漂杵"，黄帝"三战然后得其志"，从此开始了中华民族的伟大融合历程。在这一宏观背景下，各种原本运用于生产活动中的工具和技能也逐渐在战争中广泛应用并转变成军事技能。战争的发展，也促进了尚武之风、格斗器械以及军事武艺的演进。伴随作战方式的演进，军中一些武艺和技能突破了单一的局限性，从技术到组织、从形式到思想均发生了极大的变化，使武术脱离了生产技术，完成了从获取生产资料到注重搏斗技能的功能转化，加速了原始武术的形成。武器伴随战争的需要不断发展着，人们远则使用弓箭、投掷器，近则使用棍棒、刀斧，每种器械巨大的杀伤力被残忍地展现出来。如果从武术器械发展的视角而言，弓箭的发明则显然是历史的巨大进步。随着冶金技术的发展，箭头也由原来的石、骨向铜和铁演化，提高了武器的杀伤力。弩、弓箭之外，长矛和刀剑以及圆形和方形的盾牌等武器也渐次在原始部落战争中广泛运用，从而不断丰富着武术器械的种类，同时也使得武术的内容和方法更加丰富多彩。

（三）武舞一体与巫武不分

中国武术的起源与原始宗教、教育、娱乐等民族文化有紧密联系。原始宗教的主要形式——巫术与图腾崇拜通常借助原始武舞的形式来体现，而原始时期武术与武舞的一体化特征非常明显。

由于特殊的自然环境等综合因素，作为早期的身体活动，武术、武舞、舞蹈时常处于一种混沌不分状态。早期武舞主要是表现人与兽或人与人搏斗的舞蹈，它是狩猎或战争场面的再现：当时，人们在狩猎和战争活动前后，都要跳武舞，舞者手持各种兵器，作击、劈、砍等动作，通过武舞这种形式来模拟和还原战胜敌人和猎物的场景，想象、练习劈砍击刺等杀伐的动作技术来产生一种超自然的力量，以鼓舞士气乃至祈神保佑。这些武舞既是战斗的演习、武艺的操练，也是原始击刺动作组合成武术的简单套路的萌芽。舞中存武，舞中行武，舞中显武，武舞也可以说展现了早期武术与舞蹈的客观交融，一些武舞的动作组合与现今的武术套路有许多相似之处。《尚书·大禹谟》记载，舜时曾经发生过一个以武舞慑服反叛部落的事例，一个叫有苗的部落不服从当时中央政权的统治，舜命禹率人去讨伐。禹领旨后没有直接率兵展开攻击，而是让士兵手持干、羽等各种武器，以武舞的方式训练了70天，有苗氏终于被其慑服了，从而不战而屈人之兵。

与武舞联系在一起的还有以巫术为代表的原始宗教祭祀活动等。据相关资料介绍，巫术在早期的人类社会十分盛行，史前的巫术中存在着许多原始的体育形态，而巫舞则可以说是最古老的体育形态之一。因为巫武不分，武术与巫术的各种联系便也成为原始社会时期的一种历史现象：先民们为了在战争中能取得胜利，一些巫术活动也逐渐升级为大型武舞，如西周军队中的"象舞"和"大武舞"。这些武舞既是对战争的模拟和练习，又是对士兵进行针对性的军事训练。正因如此，一些研究者认为，在古代，"舞""武"两字是同源、相通的，武术的精髓，源自巫一舞一武。诚如胡小明在《从左江岩画看民族传统体育的起源与传播》一文中所提到的："如果武术不是受益于武舞，那它将向拳击、摔跤等格斗术的方向发展，至于后期儒、释的影响，不过是为武术披上了一层伦理学的面纱。揭去这层面纱，便宛如我们站在左江岸边，凝视着那些手持刀剑而舞的人形。在我国的一些少数民族地区，现代仍保留有不少其先民的武舞传统。例如，云南纳西族的祭神武舞"东巴跳"，数十上百人手持武器而狂舞，场面十分壮观。

原始武舞尽管是一种简单的手舞足蹈，但却促进原始武术在原始文化的混沌母体中萌芽成长。正是基于上述的认识理念，一些学者甚至认为，

"中国武术正是从巫术文化氛围中获得了更为丰富的武术因素和创造灵感，现代武术套路受到巫舞潜移默化的影响，而具有极强的表演性和艺术妹力"。

二、冷兵器的历史辉煌

冷兵器一般是指不利用火药和炸药等热能打击系统、热动力机械系统和现代技术杀伤手段，而是在战斗中直接杀伤敌人、保护自己的武器装备；广义的冷兵器则是指冷兵器时代所有的作战装备。冷兵器按照其材质可以分为石、骨、蚌、竹、木、皮革、青铜、钢铁等；按照其用途可以分为进攻性兵器和防护装具，进攻性武器又可以分为格斗、远程、自卫三类；按照其作战用途可以分为步战兵器、骑战兵器、车战兵器、水战兵器和攻城器械等。许多冷兵器是复合材料制成并兼有两种以上的用途、性质的，以其主要材料和用途、性质划分类别。

冷兵器的性能基本都是以近战杀伤为主，在冷兵器时代，兵器只有量的提高，没有质的突变。火器时代开始后，冷兵器已不是作战的主要兵器，但由于它的特殊作用以及在各国、各地区的发展进程不同，冷兵器一直沿用至今。古代两军对阵最有威力的是枪，骑兵用的是大枪。步兵用的是花枪，枪的基本功是：拦、拿、扎。枪练得好的人内劲和心意运在枪尖上，枪花随心变化，好枪法用起来是不见枪尖的，让人眼花缭乱。古枪法全世界只有中国独有，花枪是刚柔并济、阴阳相合的长兵器。古代好枪法的枪中王有民族英雄岳飞、杨家将、罗成、赵子龙等，他们是中华民族为之骄傲的英雄。

第二节　近现代武术的发展脉络与风貌

一、近代中国武术的发展

1840年鸦片战争以来，近代中国在以科技为先导的西洋文明的冲击下被迫拉开了转型的历史帷幕，伴随着西学东渐的强劲步伐，古老的中国武术同样演绎出了一首艰难曲折的转型乐章。1900年前后主要兴起于河北、山东、河南等北方大地的义和团运动在近代中国武术发展中有着重要地位。在国难当头、皇室权贵争相逃避退缩之时，数十万计以传统武术拳械奋勇抗争的中华儿女展现了中华民族不畏强暴、刚健有为的传统品质。虽然，为了激励人们勇于和强大的帝、官、封势力作斗争，义和团民们的习拳练武往往伴随有诸如"画符念咒""刀枪不入'等一些神秘主义的活动形式，给武术蒙上卜种封建迷信色彩，从而造成了武术发展中的某些负面影响，义和团民众们的思想和行为，在某些方面也不可否认地显示出了封建社会小农经济落后和愚昧的一面，但是这些微观方面的非主流因素都无法掩盖义和团反帝爱国运动的进步意义及其对于中国武术的巨大推动力量和深远影响作用。

1900—1949年，是中华民族近代转型的关键时期。以该时期中华民族救亡图存的时代主题为研究主线，从1901年武举制被废除、1902年军国民运动到"中华新武术"的革新尝试，从影响深远的"土洋体育之争"到精武体育会、中央国术馆等体育组织的积极探索，系列重大事件由点到线、由线到面的平铺与开展，不仅折射出民族自强背景下的武术发展特点、尚武精神的时代价值，以及武术体育化转轨的时代诉求等，而且清晰地呈现了这一重要历史中民族文化所处的典型宏观背景以及武术文化对于这一时代语境的应激与回应。民国时期，武术被作为一种强国健体的教育手段推向学校，列为正式课程。在一些运动会上，武术还被列为竞赛项目。民间出现了许多拳社及武术会等武术组织，其中有两个影响最为深远：一个是霍元甲于1910年创立的精武体育会，另一个是张之江于1927年在南京成立的中央国术馆。1927年下半年，张之江邀集钮永建、李烈钧、戴传贤、于右任、蔡六培、何应钦、冯玉祥、孔祥熙等国民党党政要员，发起成立国术研究馆。后该馆归属政府直接领导，财政部拨经费。1928年正式易名为中央国术馆，简称国术馆。1929年2月，国民政府通令各级行政遍设国术馆，规定省、市、县、乡各级国术馆，应推各级政府行政首脑兼任之。这种做法保证了各地政府对各级国术馆的拨款，促进了各级武术馆的建设和发展。中央国术馆"以提倡中华武术、增进全民健康为宗旨"，经常聘请国术专家、体育专家及其他专门学者教授研究武术、编著出版武术专著。国术馆设各种教学班，均设学科、术科两类课程，学科设文化知识课，术课设武术技能课。同时设"国术国考"制度，制定并实践了武术对搏与器械单练的竞赛规则，在一定程度上促进了竞技武术的发展。中央国术馆的成立与发展，在中国历史上第一次把武术工作纳入政府工作管理的轨道，对武术的提倡、推广、实施有很大作用。于1928年和1933年由中央国术馆组织举办的两次"国术国考"是近代影响最大的武术比赛。另外，于1933年和1935年举办的中华民国第5届、第6届全运会，武术都被列为正式竞赛项目。这些竞赛活动使得武术竞赛规则从无到有，从简单到细化。此后，人们对武术的观念开始革新，武术理论逐步向科学化方向发展。随着新、旧思潮的交锋和"土洋体育"之争的展开，以及武术进入学校体育课程和运动竞技场，人们对于武术的认识逐步深化，开始从体育观的角度来认识武术。同时，一些学者开始实事求是地考证武术的起源和发展，验证武术的健身与技击效果。

二、现代武术的改造与规范

1949年10月1日，随着一代伟人毛泽东在天安门城楼宣告中华人民共和国成立，中华民族开始进入了一个开天辟地的新时代。作为中华民族传统文化有机组成部分的中国武术，也毫不例外地开始了一种新的发展状态。国家不但在高等院校及体育学院开设了武术专业，还组织专业人员在继承传统拳术的基础上广泛吸取众家之长，整理出简化太极拳、初级长拳、中级长拳以及器械套路。20世纪50年代，国家体委陆续组织专家编制了太极拳、长拳、刀、枪、剑、棍的初级、乙组、甲组套路，促进了技术规格的统一化。1957年，武术第一次被列为正式比赛项目。1958年，中国武术协会成立，《武术竞赛规则》《武术运动员技术等级标准》《竞赛规定套路》《中国武术段位制》等相继制定颁布。1959年制定的武术竞赛规则将武术项目分类，进行同类、同组比赛，增强了套路比赛的可比性。20世纪60年代，在20世纪50年代的基础上编辑而成的系统的武术教程促进了体育基础科学知识与武术的结合，以及训练程式和基本功系列的逐渐稳定。20世纪70年代，武术发展主要表现为太极拳、南拳、八卦拳、通臂拳等的普及，而长拳套路则在出现舞蹈化倾向引起反感的情况下，在1979年的竞赛规则中删去了关于给新颖、难度动作加分的规定。

总体而言，新中国成立以来，作为一项民族传统体育项目，武术主要开始承载着增强人民体质的使命，逐渐向着一种体育形式的改造与规范发展。

第三节　当代武术的分类与现状研究

武术发展至今，内容极为丰富，流派之多不胜枚举，其产生、发展的武术运动可谓根深叶茂，内容丰富而且分类方式很多。本节采用以下两种分类方式。

一、按运动形式的分类

按运动形式的分类，可将武术分为功法运动、套路运动以及搏斗运动三大类。

（一）功法运动

功法运动是指以单个武术动作作为主体进行练习，以达到增强专项体能或健体目的的运动。它包括内功（内养功）、外功（外壮功）、轻功（弹跳）、柔功、硬功（击打和抗击打）等，既是套路运动和搏斗运动的基础，又是极好的锻炼方法。例如，习浑圆桩可以调心、调身、调息，站马步桩可以增强腿力等。武术界亦广泛流传有"练拳不练功，到头一场空"的说法。对内功、外功等功法运动的简介如表1-1所示。

表1-1　功法运动

内功	内功又称"内壮功"或"富力强身功"，是一种动静功结合的导引法，主要通过意守、以息运气、呼吸锻炼等方法，以增强内气而产生祛病强身等功效。太极内功原系太极拳的内炼功，早先在武术界流传，以增强技击能力为主要目的。《太极拳法实践》一书曾有"其专至锻炼脏腑、神经、感觉，所谓精气神者为内功"之说。内壮功有很多具体的练习功法，从锻炼的形式与方法上看，大致有静卧、静坐、站桩和鼎桩四种方法。
外功	外功又称"外壮功"，所谓外功者，是指专练刚劲，通过专门的训练方法和手段，使身体具有比常人较强的抗击打、摔跌、磕碰的能力，以达到强筋骨、壮体魄之功效的功夫运动。如传统的鹰爪功、金刚指、铁砂掌、打千层纸以及各种排打功等，都属于外壮功。外壮功一般与内壮功结合进行修炼，即所谓的"内练一口气，外练筋骨皮"。
轻功	轻功又称"弹跳功"，泛指通过各种专门的练习方法和手段，以达到增强弹跳能力而蹦得高、跳得远之功效的功法运动。至于轻功能使人变得"身轻如燕"以至可以"飞檐走壁"的传说，缺乏科学根据，并不可信。
柔功	柔功泛指通过各种专门的练习方法和手段，以达到提高肢体关节活动幅度和肌肉伸展性能的功法运动。例如武术基本功中的各种压腿、搬腿、撕腿、劈叉腿、下桥、压肩等，都属于柔功。
硬功	硬功即为过硬的本领；扎实熟练的功夫。硬功靠苦练，在武术中，硬功是指习武者经过专门的系统训练，使身体各部位练出具有比一般人强得多的抗挤压、抗击打、耐摔跌的能力，是经过长期极限运动累积的绝活。硬功需"冬练三九，夏练三伏"方能成功。硬功与绝活常相提并论。硬功如用在其他领域，则可解释为超凡的本领，引用范围较广。古往今来，拥有不凡的硬功技能者才具有更强的生存能力。

（二）套路运动

套路运动是指以踢、打、摔、拿、击、刺等技击动作为主要内容，以攻守进退、动静疾徐、刚柔虚实等矛盾运动的变化规律编成的整套练习形式。套路运动按照演练形式的不同，分为单练、对练和集体演练三种类型。其中单练又包括拳术和器械两类内容。对练包括徒手对练、器械对练、徒手与器械对练三类内容。

1.拳术。徒手演练的套路运动称为拳术。拳术中又包含许多不同的种类，称为拳种。主要的拳种包括长拳、南拳、形意拳、八卦掌、太极拳、通臂拳、劈挂拳、戳脚、翻子拳、象形拳、地躺拳等百余种拳术。下面用表格的形式呈现常见的八种拳术，见表1-2。

表1-2　八种拳术的诠释

长拳	长拳泛指由架势舒展、快速有力、节奏鲜明多有蹿蹦跳跃、闪展腾挪、起伏转折和跌扑滚翻等动作组成的拳术，其势如长江之水，滔滔不绝，波澜壮阔。其运动特点是：姿势舒展、动作灵活、快速有力、节奏鲜明。长拳是竞技武术中的主要项目，传统的长拳有查拳、华拳等。由于长拳的特点适合广大青少年练习，是促进生长，强壮身体、发展素质、陶冶情操的优秀拳术。最早太极拳也称"长拳"，但与此不同。传统上将查、华、洪、炮、弹等拳种统称为长拳。中华人民共和国成立后，在以上诸拳种的基础上形成了用于武术比赛的长拳，主要有"竞赛套路"即国家规定套路，"自选长拳"即根据有关规定自己创编的套路。国家规定套路在20世纪50年代有甲组、乙组、初级长拳，现行的"竞赛长拳"是于1989年为了亚运会比赛而创编的，已经在世界武术锦标赛及亚运会上采用。自选长拳则按武术规则规定，必须包括拳、掌、勾三种手型和弓、马、扑、虚、歇五种步型（女运动员可以不用马步），五种拳法，五种掌法和两种肘法；屈伸、直摆、扫转、击响四种不同组别的腿法；平衡、跳跃各三种，跌扑滚翻动作可选两种，亦可不选。最近国家又创编了武术段位制的一系列长拳套路，武术竞赛中又规定了长拳的指定动作，鼓励创新动作，评分标准也做了调整，使长拳朝着高、难、美、新的方向发展。
太极拳	太极拳是一种柔和、缓慢、连贯、圆活的拳术。太极拳看似软绵绵的，像是在"摸鱼"，《太极张三丰》的功夫，也许你看过，虽说是电影，可也表现出了太极功夫。太极拳是一种比较柔和缓慢、重意轻力、练内的拳术，是吸收各家拳法，结合了古代导引、吐纳之术，运用了经络学说和阴阳学说而形成的，过去人们称"绵拳""软拳""文拳""哲拳"，其实太极拳刚柔相济，虚实变化，四两拨千斤。舍己从人是"绵里藏针"的艺术，经过长期发展演变出了多式太极拳，它以掤、捋、挤、按、采、挒、肘、靠、进、退、顾、盼、定为基本运动方法（亦称太极十三式），在国内外广为流行，以健身修性为主，也是竞赛项目。传统的太极拳有陈、杨、孙、武、吴以及其他各式规定的太极拳。

南拳	南拳是一种流行于我国南方各地拳术的总称，拳势多为刚烈的拳术。南方各地的拳术也不尽相同，广东南拳主要有洪、刘、蔡、李、莫五大流派，还有虎鹤双形、侠家、咏春、白眉、昆仑等拳。广西有周家、屠龙、洪门、小策打等，福建有五祖、五枚等，湖北有孔门、岳门、鱼门、孙门等五大派，湖南有巫家、洪家、岳家、薛家四大流派。四川有僧、岳、赵、杜、洪、化、字、会八大流派。其他南方各地也都有各具特色的拳术。但是，南拳大都是以步法稳健、拳刚势烈，少跳跃、多短拳为基本特点，着重以声、气修力；威猛迅疾，灵巧绵密，刚柔相济，尤其注重上肢手形的变化；南拳招法朴实，发力浑厚，舒展大方，其气刚烈、威猛，门户严密，动作紧凑，手法灵巧，重心较低，体现出以小打大、以巧打拙、以快打慢的技击特色，特别重视下盘的稳定性，在步法上讲究灵活多变，多有扭拐动作（如骑龙步、拐步、盖步等），使身体可以灵活转向；南拳的上肢动作绵密迅疾，极富变化，有时下肢不动，拳掌可以连续击出数次，力求快速密集，以快取胜。在发力时，南拳大多要呼喝作声，吐气催力，以增大爆发力。在打法上，南拳讲究贴身靠打，多出短拳，充分发挥"一寸短、一寸险"的优势。
形意拳	形意拳是中国四大拳术之一，与太极拳、八卦掌同属中国传统内家拳术。形意拳打法刚猛，硬打硬进，重在象形取意，内外兼修，因其独特的风格特点在内家拳术中独树一帜。形意拳是人们长期从大自然的观察中，吸取各种动物之长，结合五行之规律所创造出来的拳术。其意义为象形取意，在外为形，在内为意，心意诚于中，肢体形于外，故称为形意。形意拳以三体式为基本姿势，以劈、崩、钻、炮、横五拳为基本拳法，并吸取了龙、虎、猴、-5、鼍、鸡、鹞、燕、蛇、骀、鹰、熊十二种动物的动作与形象组成的拳术。其运动特点是：整齐简练，严密紧凑，发力沉着，朴实明快。
八卦掌	八卦掌是一种以掌法变换和行步走转为主的拳术，八卦掌以摆扣步走转为主，以推、托、带、领、穿、搬、截、拦等掌法变换为内容的拳术。其运动特点是：沿圆走转，式式相连，身灵步活，随走随变。它将武功与导引吐纳融为一体，内外兼修，是河北省文安县人董海川所创。八卦掌不用拳，是将手掌展开来做动作。八卦掌还使用擒拿秘穴法，包含古代流传下来的擒拿抓捕法。八卦掌的动作是柔软地使用身体，轻快地扭捻着，如蛇一般跃动，潜击对方下部。动作迅速旋转，能一次面对多位敌人。八卦是由阴爻、阳爻组成的图形。八卦掌又名"转掌"，以其运动特征为绕圈走转而名。由于该拳的圆圈正经过八卦的八个方位，于是，谓之八卦掌。八卦掌以向左沿圈绕走称为"阳仪"，以向右沿圈绕走称为"阴仪"，是自身技术的基础，其他种种变化和作用，都是将攻防招术或一定锻炼方法融于沿圈走转，其运动特点皆须符合绕走规律。八卦掌对敌时要用不停地走转与对手周旋，避实就虚，避正寻斜，讲究以动制不动，以快动制慢动，强调制胜之法在变动，形成了"以动为本，以变为法''的八卦掌技法规则。

通背拳	又称"通臂拳"，在传统武术中源远流长。通背拳是指以摔、拍、穿、劈、攒五种基本掌法为主要内容，通过圈、揽、勾、劫、削、摩、拨、扇八法的运用所组成的拳术。其运动特点是：出手为掌，点手成拳，甩膀抖腕，放长击远，发力冷弹脆快。关于通背拳的起源，传说不一，有人说是战国时代孙膑所传，显然很牵强。传说中在战国时期的"鬼谷先师"传道云蒙山中：仿诸猿之栖息、猎食、争斗、求生之法取其精华而成，始称为通臂，以通臂猿形为主，仿其形而练，旨在加长臂力，击法单操居多，为一种练法。历经千载，至清末浙江人祁信，始创通臂拳门，称祁家门（江湖称为老祁派），其子祁太昌采各家之长，将流散在民间的通臂单手、单操、击法、练法柔化合一，继承发展了老祁派通臂拳，形成了一种以柔为主，刚柔相济，以背力为法，放长击远先发制人，特殊练法的拳法；因练法、击法独特，变化灵活快捷，以摔、拍、穿、劈、钻五掌为主，又附会阴阳五行金、木、水、火、土之法，因此又称为"五行通背拳"。五行通背拳完全脱离了原通臂猿形的仿形模式，采用人体科学合理的锻炼法则，力发腰背力达掌尖，全身上下、内外贯通、刚柔相济，正确运用心法、身法、气力，使之成为武林中特殊练法的拳种，有别于"少林""武当'的拳种。
象形拳	象形拳又名"仿生拳"，指将人或动物的某些生活习性、动作特征及形态，巧妙地融入武术的攻防技术之中，以象形取意，形意并重为特征的一种拳术，主要有猴拳、鹰爪拳、蛇拳、螳螂拳等。象形拳中的套路和动作十分丰富，以形为势、以意传神，形象十分生动，其拳势多以动物命名，如"白鹤亮翅""金鸡独立""鹞子翻身""火鹏展翅"等。 猴拳是因模仿猴子的动作而得名。其动作既要模仿猴子窥望、出洞、攀登、跳颠、蹬枝、抢食、滚翻、藏桃、吃桃、蹲坐、惊蹿、搔痒、入洞等机智、敏捷的形象，又要反映出武术的技法，做到"形象似猴，法从形，形法兼备"。练习猴拳要求做到：形要象、意要真、步要轻、法要密、身要活；对姿势的要求是耸肩、缩颈、圆背、束身、弯肘、垂腕、屈膝、踮脚；手法主要有抓、拿、刁、采、甩、切；身法主要有躲、闪、夹、抖；腿法主要有蹬、弹、踹、缠、点；步法主要有跳、窜、挤、列；眼法主要有顾、窥、望、环、寻，讲究头转目旋，活泼多动。 鹰爪拳也称鹰拳，仿鹰之形，显攻之法的拳术。其手型酷似鹰爪（即五指第二指节内扣，五指微分开），主要手法有打、抓、掐、拿、翻、压、锁、扣等突出抓拿，多用上惊下取，里掏外刁，分筋错骨，拿打结合；突出特点是姿势雄健，手眼犀利，身步灵活，发力刚爆。鹰爪拳演练起来，手如鹰爪上下翻，臂如鹰翅左右振，猛如金鹰扑小鸡，缓如苍鹰翔九天，警如崖鹰伏山顶，活像一只雄鹰再现。 螳螂拳是模仿螳螂削足捕蝉的擒打动作结合武术技法而成的拳术。其特点为动作刁敏，弹突有力，刚中含柔，柔里带刚，练法要求松肩、垂肘、活腕、抖臂、拧腰、坐胯。螳螂拳拳法上正迎而侧击，以巧快取胜，突出手法以刁、采、弹、崩为主；步法有滑步、拖步、七星步等；身法多拧、缠、抖、闪等。劲力讲究刚、脆、顺、巧；技法上突出"五快"，即手、眼、身、步、式快，另有"七长""八短"之说，演练时，两手似刀斧，挡风阻雨两臂摇，具有螳螂的形象和斗劲。

咏春拳	咏春拳虽说属于南拳的一种,却独树一帜标新立异,据传清嘉庆十五年间,福建泉州有一位武林高手严四,因犯官府法令,携爱女严咏春逃离泉州到一小县城隐居,咏春姑娘从小练就一身功夫,一日在河边洗衣,见岸上有只白鹤与一条大青蛇相斗,心中顿悟,几经磨炼,终创咏春拳。功夫巨星李小龙早年就是练习咏春拳,成名后对咏春拳的发展起到很大的推动作用,现在世界各地均有练习者。咏春拳属于自卫拳,讲究防护,稳重灵巧,拳理上多以自我封闭的方式对付攻击,主要内容有藕手、小念头、标子、寻桥、二字刀、六点半棍以及木人桩等。藕手是咏春拳的重要练习手段,是实战前的有效练习途径,李小龙对传统武术进行了许多改进,但是很好地保留了藕手技法,可见藕手的重要性。咏春拳中典型的二字钳羊马步形,带有明显的女子含羞的步态特征,具有良好的防御性,配合手法、腿法,形成了短桥相接、连消带打、来留去送、甩手直冲的特点。

2.器械。武术器械是传统武艺武术的基础,其最初是伴随着狩猎和战争的出现而发展起来的,后来的诸多武艺武术器械,实际上主要是由古代兵器演化而来的。武术器械的练习形式、内容丰富多样,有竞技对抗性的短兵,有适合演练的各种器械套路,还有与其相适应的各种练功方法。下面介绍四种主要的单练器械项目。如表1-3所示:

表1-3 单练器械项目

剑术	剑属双刃短兵,素有"百刃之君"的美称。剑的击法有:劈、刺、点、撩、崩、截、抹、穿、挑、提、绞、扫等。剑术根据练法又分为行剑、势剑、双手剑、长穗剑、双剑、反手剑等。常见的剑术套路有自选剑术、青萍剑、武当剑、三才剑、三合剑、云龙剑、八卦剑、太极剑、螳螂剑、醉剑、龙形剑、纯阳剑、七星剑等。剑术的特点是轻快、敏捷、潇洒、飘逸、灵活多变,故有"剑如飞凤""剑似游龙"之说。
刀术	刀由古兵器演化而来。刀法的主要特点是威猛、快疾、狠毒,气势逼人,刚劲有力,如猛虎一般,因此素有"刀走里"之说,以身法为要,僵跳超距,眼疾手快,进退闪转和纵跳翻腾都要刀随身换,身械协调一致。刀术是指运使刀的方法,由于刀的形制决定了刀的技术方法以缠头、裹脑、劈、砍、扎、挂、架、格等为主。演练时,一手持刀,另一手以掌配合,其特点是雄健有力,气势逼人,有"刀如猛虎"之说。除了国家规定的一些刀术套路外,还有许多传统套路,如八卦刀(其刀很长,大约同身高)、劈挂刀、飞凤单刀、提柳刀等
枪术	枪是古代四大兵器之一,被誉称"百兵之王"。枪法以扎为主,拦、拿为辅,扎枪要平正迅速,直出直入,力达枪尖,故有"枪扎一线"之说。其运动特点是:走势开展,力贯枪尖,上下翻飞,变幻莫测。
棍术	棍是最早的兵器之一。明俞大猷《剑经》、戚继光《纪效新书》、茅元仪《武备志》、程宗猷《少林棍法阐宗》等对棍的击法均有详细论述。棍法有打、揭、劈、盖、压、云、扫、穿、托、挑、撩、拨等。练习棍术要求手臂圆熟,身棍合一,力透棍梢,动作勇猛、快速,体现"棍扫一大片"的特点。

3.对练。对练是两个人或两个人以上，按照预定的动作程序进行的攻防格斗套路，包括徒手对练、器械对练、徒手与器械对练和集体演练。如表1-4所示：

表1-4　对练项目

徒手对练	徒手是武术运动中对练的一种，以徒手的踢、打、摔、拿等攻防技术组成的拳术对练，如长拳对练、南拳对练、对擒拿等。
器械对练	器械对练是武术运动中对练的一种，是指以器械的击、刺、劈、砍、格、挡、架、拦等攻防技术组成的器械对练套路，如单刀进枪、盾牌刀进枪、三节棍进枪等。
徒手与器械对练	徒手与器械对练是武术运动中对练的一种，是指一方徒手，另一方持器械而组成的对练。如空手夺刀、空手夺枪、空手夺棍等。
集体演练	集体进行的徒手的或器械的，或徒手与器械结合的套路练习称为集体演练。这种演练的特点气势庞大、场面宏伟壮观的练习，小到四人，大到上百上千人。这种表演性的集体演练经常在电视电影中看到，场面精彩，如电影《黄飞鸿》《少林寺》，电视剧《霍元甲》《陈真》等。现在全国比赛要求每个比赛队伍必须参加一项六人的集体项目比赛表演。集体项目在编排上注重队形，图案变化多样化，在动作编排上注意整齐，节奏明显，根据运动员整体水平的高低，可用简单动作，也可编一些难度较大易于整齐划一的动作。另外，再配上合适的音乐伴奏，演练会更加精彩。近年来，比赛中的集体项目编排的趋势是：多以刚劲有力的动作为集体操练的内容，如南拳、形意拳、翻子拳等；按照规则要求必须编进散打的一些拳法、腿法组合动作；有一些跌、扑、滚、翻的难度，以营造气氛；体现不同的风格。

（三）搏斗运动

搏斗运动是两人在一定条件下按照一定的规则进行斗智、较力、较技的实战练习形式，目前武术竞赛中正在开展的有散打、推手等，尚未普遍开展的有短兵和长兵。

1.散打。散打又称散手，古称手搏、白打等，由于比赛是以徒手相搏相较的运动形式在擂台上进行，所以又称"打擂台"。然而，现在的散打与传统的散打有着本质的区别。现代的散打是两人按照一定的规则，运用武术中的踢、打、摔和防守等方法，进行徒手对抗的现代体育竞技项目，它是中华武术的重要组成部分。现代散打运动也不同于传统武技，是对传统武技的继承和提高，其体育属性是其得以发展的基础，也正基于此它才能发展壮大，为世界人民所接受。

2.推手。推手也称打手、揉手、揭手，是指两人遵照一定的规则，使用拥、捋、挤、按、采、捌、肘、靠等技法，双方沾连粘随，寻机借劲发力将对方推出，以此决定胜负的竞技项目。太极拳套路与推手是"体"与"用"的关系，互相补充，相得益彰，至今已有300多年的历史。推手的原理并不复杂，关键在下功夫上，多推多练，逐渐进入懂劲的阶段。两个人的手腕互相搭着往返循环推动，要有皮肤与皮肤之间的细微感觉，用力大小、轻重与虚实的变换，用感觉能了解得非常清楚，这就是从初级进入懂劲阶段。时间长了，神经系统的感觉就更加灵敏。《拳论》讲："懂劲后愈练愈精。"推手到了高深水平可以防身御敌。推手主要分为两类：定步推手和活步推手。这里只讲定步推手。所谓定步推手，就是后脚不能动，动就为输招，实在化不开，前脚可以移动。初学者以定步为基本功，要循规蹈矩，规规矩矩地练习，不要急于求成。先由单人单手练习，先练单手平圆，再练单手立圆，左右交替练习，练熟之后再练双手四正手。所谓四正就是八法之中的前四法，称"拥、捋、挤、按''"四手。待自己单人练得非常纯熟之后，方可由两人对练，这样练习进步快。两人对练就增加了难度，因为两人的皮肤相接进入感觉境界，也是先由单手平圆开始，再练立圆，最后练双手四正手，特别是在四正手上要多下功夫。要按照《拳论》上所讲的认真细心地练习，''拥、捋、挤、按须认真，上下相随人难进。任他巨力来打我，牵动四两拨千斤。引进落空合即出，沾连粘随不丢顶。"这是推手技法的基础之基础。武术以单人练套路为多，但《拳谱》讲："演练似有人，实战似无人。"练习单人推手也是一样。虽然是自己练，从思想意识上就是两个人在互相循环不息地推动着。

3.短兵。短兵是指两人手持一种特制的短器械，遵照一定的规则，以剑法和刀法为主要攻防方法进行比赛的竞技项目。通过短兵运动的练习，可以培养机智灵活、勇敢顽强的意志品质，提高对抗性技能，促进身体素质的全面发展。武术短兵运动是我国民族传统体育中具有特色的一项新型竞技项目。武术短兵运动曾于1952年在"天津民族形式体育表演比赛大会"和1953年在"全国民族形式体育表演比赛大会中设置武术短兵比赛。

4.长兵。长兵是指两人手持一种特制的长器械，遵照一定的规则，以棍法和枪法为主要攻防方法进行比赛的竞技项目。随着时代的发展，社会主义市场经济体制的确立，在武术的改革发展中，长兵器对抗项目的开展具有明显的社会意义与经济价值。

二、根据习武范围、目的与功能的分类

　　根据习武范围、目的与功能，将武术分为竞技武术、学校武术、民间传统武术、军事武术以及健身武术等。这种分类法可以真实、清晰地反映出现代武术的格局和发展的实际。下面以表格形式简述这五种武术分类，如表1-5所示。

表1-5　五种武术分类

竞技武术	竞技武术是以创造优异运动成绩为主要目的，它相对于民间传统武术而言，具有鲜明的时代特点和独立性，体现着现代武术的发展方向和总体水平，是为国家培养和造就高水平优秀武术技术人才的基地。现代竞技武术自然也经历着一个从无到有，不断进化、拓展的历程，如今已发展成为以套路和散打为股肱的"两条腿走路"之势。中华人民共和国成立以后，国家在竞技武术方面做了大量的工作，如竞赛体制的建立，竞赛规则的制定，裁判法的研究与实施，竞赛规定套路的创编、推广和使用，特别是针对武术中流行最广、最具代表性的长拳、南拳、太极拳剑以及长拳类的刀、剑、枪和棍等项目进行改造，使之成为能够进行比赛的竞赛项目，这是武术竞赛史上前所未有的创新之举。近十几年来，竞技武术以前所未有的速度走向世界，1990年成为亚运会竞赛项目，至1998年泰国曼谷亚运会已连续三届设置武术项目，这意味着武术已成为亚运会常设项目，而且曼谷亚运会首次设置散打项目，给亚运体坛武术一个完整的全貌。此外，1990年10月国际武术联合会成立后，成功举办了六届世界武术锦标赛，武术套路和散打均为正式比赛项目。竞技武术有自己独特的特点，例如，竞技武术不练套路，也不专门练习某些固定招式，而是注重一拳一脚的具体打法和技能；竞技武术是以基本功的练习为辅，柔韧性等方面的基本功练习所占比重较小；竞技武术服从于比赛规则，因此打法有限，规则中明确规定不可以击打的部位就绝对不能打，所以打法有明显缺陷；竞技武术不注重观赏性，动作朴实；竞技武术片面强调速度、力量，相对来讲忽视了技巧，因此打法单调。
学校武术	学校武术是在学校领域范围内开展的、以教育为目的的武术项目。其内容是选择符合学校教育特点的武术技术和知识，通过适用于学校体育教育的多种运动形式；在学校体育课、课外武术活动、课外武术训练和竞赛中进行的一种有计划、有组织的教育活动；使学生通过武术的锻炼达到增强体质、了解祖国传统文化和培养优良品质等教育目的。中华人民共和国成立后，武术成为社会主义体育事业的重要组成部分，得到了蓬勃发展。各省、自治区、直辖市先后建立了武术协会、武术馆、研究会、辅导站和业余体校武术班等，它们成为传授武术技能的途径。学校武术作为武术教育的重要标志，使武术作为体育教学内容走进各级各类学校，特别是普通大、中、小学。目前学校武术主要是指在大、中、小学开展的少年拳、青年拳、刀术、剑术、枪术、棍术、太极拳、太极剑、攻防格斗技术、各种健身功法等以及在军事院校、公安学校和警校开展的以擒拿格斗、散打为重点的套路和攻防格斗技术。武术作为社会主义体育事业的一个重要的组成部分，其性质、地位、目的和作用发生了很大的变化。历次体育教学大纲的修订和体育课程的改革，都把武术摆在重要位置，列为传统体育中唯一的必修内容，体现了国家在构建有中国特色的现代化基础课程体系时对保持民族性这一主题的深刻认识。

民间传统武术	民间传统武术是指流传于民间的、传承有序的中华武术拳种流派。民间传统武术是中华武术文化整体结构中的主体部分。与目前体育领域中的竞技武术相比，民间传统武术才是中华武术的代表。我们不能完全抹杀竞技武术对武术体育化传播的贡献，但必须承认，竞技武术的传播对传统武术的传播影响颇大。从"文化结构三层次说"的角度，民间传统武术可以简单地划分为拳种套路、器械、功法的外显层，训练传承、礼仪规范的中间层，以及价值观念、审美情趣的内隐层三个方面。具有整体文化特征的民间传统武术才是武术文化的主体内容，浩如烟海的拳种流派才是武术文化的精华，舍此便不能完全代表中华武术。
军事武术	武术和军事有着密切的血缘关系，这是由两者的攻防格斗本质所决定的。它们之间的相互渗透与促进不仅表现在武技上，更多地反映在战略战术等基本思想理论上。尤其是在冷兵器时代，武技是作为战争厮杀的最直接手段而存在的，因此也受到国家和民族的高度重视。中国的古人习文习武，大多是为了进而庙堂，退而江湖，所掌握的技术也要随着自身的进退而显现在不同的社会环境之中，并适应不同社会环境的需要。对于习武者而言，或从军以求疆场立功，或退居山林以求自保，在这中间存在着一个人员交流的现象，一些没有军事生活经验的百姓，因为国家军事活动的需要而流向军队，同时由于种种原因，军队中的一部分人又会返回故里为乡民，从军队流向民间。应该说，这种交流有时相当频繁，流动量往往也非常大，这样的人员交流，对推动古代整个武术的发展有着至关重要的作用。我国的冷兵器由石兵器、铜兵器发展到铁兵器，始终没有改变冷兵器的基本性能和集团战术的性质。冷兵器时代是以集团的密集方阵队形，在严格的军纪约束下进行冲击和格斗，充分体现人多力量大的集团作战形式。其武技是士卒在战场上进行厮杀的主要技术，并在实战中涉及各种攻防技术和理论，如用枪者必以扎为主要进攻方法，用刀者必以劈砍为主要进攻方法，用盾者必以挡为主要防守方法。
健身武术	健身武术是以普及为基础的，旨在强身健体而开展的群众性武术活动。它的特点是大众性、广泛性、自觉性、灵活性、娱乐性，以健身为目的。"源流有序，拳理清晰，风格各异，自成体系"的拳种有一百多种，还有流传于民间的不同风格的套路以及各种功法等均具有不同的健身功能和强身健体的作用。健身武术的内容也包括针对武术普及和全民健身计划制订的"段位制"和"健身养生"锻炼方法。健身武术内容丰富多彩，形式多种多样，有利于武术的普及和发展，推进了武术的社会化。我国人民自古以来就以健身武术作为强身健体、防身自卫、保家卫国、娱乐身心的方法和手段，在现代快节奏以及和平安定的生活环境中把武术作为健身方法和手段已成为人们生活的一大需求。

第二章　地域文化下的体育武术研究

第一节　体育武术的地域性特征

随着19世纪末期地域文化研究的勃兴，中国武术的地域文化特征也日益引起学界的关注，以地域武术文化为主题的相关研究构成了21世纪武术文化领域的一个突出热点。中国武术文化的演变进程深受地域文化的影响，风格各异的地域武术文化现象从宏观上折射并反映了中国武术体系的地域性特点及其历史发展规律。

"地域"概念通常是古代沿袭或俗成的历史区域。在中国历史上，形成了一批有着重要影响的传统地域，如燕赵、齐鲁、陇右、荆楚、关东等，以此为根基，逐渐演化、衍生出了相应的地域文化。从概念上讲，地域文化是一门研究人类文化空间组合的地理人文学科，又称区域文化或地缘文化，是指因人类地理分布而形成的地域性群体文化，其研究主要指以文化地理学、历史地理学为中心而展开的文化探讨。地域文化史研究的活跃是学科建设的一大成效，起步较早的吴越、楚、巴蜀文化研究向纵深发展，后起的齐鲁、燕赵、湖湘、闽粤文化从点到面铺开，它伴随着文化史研究的复兴而成为20世纪末中国学术界最引人注目的现象之。"近年来，随着'文化地理学''历史地理学'等新兴学科的出现以及21世纪文化学热潮的涌起，我国的地域文化学研究进入了一个快速发展的繁荣时期。"在这个背景下，作为中华民族长期历史发展过程中不同地域间文化交流与民族融汇的产物，作为一种承载不同地域武术丰富内涵与发展归属的文化形态，中华武术具有的显著的地域性特征开始进入人们的视野，随着"文化旅游"现象的兴起与推动，不同地域的武术发展状况也愈加受到人们的关注，进入21世纪以来，武术工作者开始更加积极地进行了地域武术文化与地域文化发展关系的战略思考和探索。

第二节 地域武术的内容与特质分析

从文化发生的角度而言，特定的自然生存条件往往决定了一个独立文化体系的最根本性质和特征，即使在同一文化体系中，内部地理因素的差异也往往促成各具特色的地域文化的生成。燕赵武术文化的豪放、陇右武术文化的苍凉与江南武术文化的精致形成了鲜明的对比。不同地域文化特色使得辽阔神州大地上的武术地域文化风格迥异而又五光十色，它们共同形成了一个光彩夺目的中华武术文化有机整体。流派纷呈，拳种繁多，是中华武术文化的一个显著特点。[1]

地域武术文化的这一特点也在不同地域中的代表性拳种上有着鲜明的体现。这方面的典型例子便是燕赵地域文化与燕赵武术文化以及武当山的道教传统与武当武术等，这三个地域的代表性拳种则分别为八极拳、武当拳等。

一、燕赵文化与燕赵武术

"燕赵文化"这个命题之所以成立，是因为燕赵区域自古以来都存在的"慷慨悲歌、好气任侠"的精神传统，这是燕赵所独有，而为其他区域所不具备的。关于燕赵地域的主流界定认为"燕赵区域的主体是南至黄河，东临大海，西抵太行山，北以燕山山脉为界的一个四至范围"。指出"燕赵区域在文化上的特征就是慷慨悲歌、好气任侠。历史上，燕赵区域的人们擅长骑射，惯见刀兵，性情耿烈，尚武好勇，具有不同于中原、关陇，又不同于齐鲁、江南等的特点"。张京华在《燕赵文化》中追述了燕赵文化史上三次显著的"慷慨悲歌"出现标志：《史记·刺客列传》和古小说《燕丹子》中关于荆轲刺秦与燕太子丹易水送别，高渐离击筑，荆轲悲歌慷慨的悲壮场景描写是燕赵文化慷慨悲歌特征的第一次概括；汉末曹魏时，曹操等人以邺都为活动中心，诗风雄峻古朴，慷慨多气，钟嵘和唐代诗人元稹等关于曹氏父子"横槊赋诗"的"道壮抑扬冤哀悲离之作"的评价是燕赵文化第二次被称作慷慨悲歌；唐后期藩镇割据，"河朔三镇"雄踞北方，韩愈作《送董邵南序》中有"燕赵古称多感慨悲歌之士"之

---

[1] 申国卿. 地域武术文化研究初探 [J]. 武汉体育学院学报，2008(4)：65—68

感，这是燕赵文化第三次被人称为慷慨悲歌。书中还分析了燕赵悲歌的产生原因，指出"燕丹的精诚与荆轲的侠士志向契合在一起，就完成了燕地文化由苦寒、局促、卑弱而产生出的激变，就形成和升华了慷慨悲歌的文化风格"。[1]燕赵文化的发展史上，历来充盈着一种刚健有为、自强不息的阳刚之气。燕昭王为报国仇而矢志进取，历经二十八载终于战胜强齐，光复被掠国土并大幅度地开疆拓壤。

燕赵武术文化萌生、成长于这样一种文化氛围中，毫无例外地充分汲取并积极发扬了这种优良传统，其刚健有为、自强不息的阳刚之气在燕赵武术文化的演进轨迹上也得到了同样充分的诠释。在长期的历史发展中，燕赵武术文化正是靠着这种刚健有为和自强不息的阳刚之气，始终站在了时代发展的前沿，自豪地引领着中华武术前进的潮流。历史上，河北省大部分地区恶劣的自然环境因素始终是当地人民无法摆脱水深火热生活的痛苦根源之一，但是，也正是这个恶劣的生存环境对于以沧州等为代表的燕赵武术文化的历史发展起到了重要而积极的影响。人们为了生存不得已走上了以武为生的轨道，在苦难深重的岁月里用自强不息拼出了燕赵武术"镖不喊沧"的尊严。一部中国的近代史，是一部中华民族受苦受难的血泪史，同时也是一部中华儿女不屈不挠的抗争和奋斗史。在那些远去的充满内忧外患的岁月里，以丁发祥、霍元甲、韩慕侠、王子平等为代表的燕赵武林人士用奋不顾身的英勇而辉煌的擂台表现，痛击了那些轻视中国的不可一世的"洋人武术家"的嚣张气焰，打出了中华民族不可撼动的荣光与尊严。以荆轲刺秦为肇始，义和团京、津反帝为展现，燕赵人民抗日爱国为标志，燕赵武术自强不息、刚健有为的优良传统所焕发出来的不畏强敌、英勇爱国的民族精神和华夏武威，在中华民族的近代发展史册上书写下了一页页光辉的武术华章。

二、武当文化与武当武术

众所周知，武当文化主要是以道家为特色的传统文化。作为一种在浓厚的道家文化氛围中孕育、成熟的武术文化形态，武当武术同样充满了浓郁浑厚的武当道家特色。武当武术在中华武术中之所以享有传统特殊地位，其别具一格的道家拳械功法特色，应该说是其中一个非常重要的原因。脱胎于道教的武当武术，有着种类众多的拳种流派及器械功法，形成

---

〔1〕张京华.中国地域文化丛书 – 燕赵文化 [M]. 沈阳：辽宁教育出版社，2011：5.

了一个广博而精深的独特武术体系。一般认为武当武术肇始于元、明时张三丰创拳并流传至今,武当武术经历代宗师不断充实和发展,派生出龙门派、紫霄派、犹龙派、恒山派、九宫派、七星派、功家南派、乾坤门、白锦门等众多的门派和种类,传有拳械包括武当太乙火龙掌、武当太乙五行拳、武当龙化拳、武当太和拳、武当擒拿小锦丝等,内容甚为丰富。

第三节 少数民族武术文化研究

一、少数民族武术文化摭谈

我国是一个民族较多的国家,每个民族或多或少都保留了自己独特的武术文化。我国少数民族武术有着鲜明的民族文化特性,其表现形式和内容都受到了各民族历史文化、民族习惯、经济生活、自然环境等因素的影响,展示了几千年中华民族生生不息的精神面貌,倾注着广博的民族文化精髓。

中华武术中的重要组成部分——少数民族传统武术也面临着遗忘和失传的问题。我国现有55个少数民族,大都聚居在我国的边陲地带,由于地理位置、生态环境、历史发展、文化形式等方面与内地汉族相比都有很大的差异,特别是少数民族传统文化的发展较少受内地几千年封建思想的束缚和影响,也就使得许多民族文化的形成与发展方式较少受思想意识上的约束。而体育这种起源于人类同大自然进行斗争的产物也就很少受到各种各样的社会条件的限制,并得一到了充分的发展。作为少数民族体育主要内容之一的武术就更能体现这一点。

现代许多的少数民族传统体育项目的形成,都受到狩猎和军事战争的影响,武术更直接更深入。进入近现代以来,民族武术的传承可谓是一波三折。18世纪中叶,国门被帝国主义的火炮轰开,外来文化伴随着强悍的武力涌入中国,这时的人们勇于反抗,民族武术由此开始进入了大发展时期。到了20世纪50年代中期,民族武术被作为封建糟粕加以排斥,很多民族文化开始流失。但进入70年代后,人们开始反思对民族文化的态度,对民族武术的挖掘、整理逐步进行,各种理论书籍也相继出现,给这些少数民族武术注入了新鲜血液。近几年,我国兴起了"非物质文化遗产保护"工程,许多以武术文化为代表的门派、拳种纷纷提出各自的申请。在首批已获得批准的国家"非遗名录"中,"少林武术""永年和焦作的杨氏、陈氏太极拳"以及"邢台梅花拳"等均榜上有名，但是，与少数民族武术文化相关的却只有两个回族的武术流派。在查阅首批"非遗名录"的同时还发现：在共计518个项目中，近1／3是关于各少数民族传统文化的内容。现在国家大力发展文化事业，提出"文化兴国"的号召，我国的少数民族武术定能以其独特的文化内涵，老树新花，焕发出无穷魅力，为继承和弘扬武术文化做出贡献。

由于我国各少数民族分布地域广阔，生产方式多种多样，不同民族的风俗习惯也就随之产生了很大的差异。少数民族的风俗习惯大多数来源于生活中的实践，并且具有强烈的稳定性与传承性，即使遇到再大的干扰也很难改变。因此，研究各少数民族风俗习惯也是了解少数民族历史、文化的重要方式。而少数民族武术文化作为一种独特的民族文化现象，贯穿于许多民族的民俗活动中，是其活动较为重要的内容。概括地讲，我国少数民族的风俗习惯对于武术的影响主要体现在三个方面：

第一，日常生产劳动对少数民族武术的影响。因为我国的少数民族分布地大多在边疆地区，地理环境和气候较为恶劣，人们为了保护本民族和自身的生存，在征服自然的漫长过程中逐渐形成了具有自己特色的武术内容，多与该民族生产劳动密切相关的、具有各民族气息。例如，生活在山区和原始森林中的少数民族，形成的武术内容以弓箭、短刀等为主要表现形式；生活在西北高原地区和内蒙古大草原的少数民族，则形成的武术内容以骑马射箭、摔跤为主要表现形式。

第二，婚礼丧葬对各民族武术的影响。我国少数民族自古至今传承保留着古老的婚俗丧葬仪式，而各种形式的民族体育活动与它关联密切，其中包括少数民族武术的内容。比如一些民族在迎娶新娘时，要由新郎向新娘射三支箭（只是形式而已）来驱走邪气，寓意在于保佑婚姻幸福美满。

第三，民族传统节日对各少数民族武术文化的影响。我国少数民族有许多历史悠久，内容、形式丰富多彩的传统节日。而象征各民族精神生活的民族传统体育活动更增添了节目的欢乐气息，少数民族武术作为民族传统体育的主要内容也成为节日活动不可或缺的一部分。如蒙古族的"那达慕"大会，云南彝族的"火把节"以及瑶族的"盘王节"，哈尼族的"苦扎扎（六月年）"、"甘通通"（十月年）、"昂玛突"（祭寨神）等都是展示我国不同民族传统武术的舞台。

二、少数民族武术文化探析

（一）回族武术文化

回族在唐宋时居住在西域（今新疆）一带，1219年，成吉思汗征西，回族归附，并从其征战，后有不少将士随师东归，遂散居内地各省，几百年来繁衍生息，成为中华民族大家中的重要一员。

历代回民中，英杰辈出。元太祖西征时，回族将领哈勒在讨伐西夏中屡建奇功，官拜折冲将军，后率部东归中原；元末起义军首领朱元璋手下大将怀远人常遇春、虹县人胡大海，都是回族；还有随朱元璋征湖广、平云贵的常州翦八士与其子拜著率领的穆斯林"翦旗营"，民间至今尚有"十大回回保国"的传说。明朝中期，新疆人查密尔创造了著名的查拳。查密尔应明皇帝征诏，东征倭寇，在经山东冠县张尹庄时，传授给当地民众一套拳术，当地人民便将此拳称为查拳。

到了清代，回族武术获得了长足发展，涌现出了一批又一批的回族武术大师。清代皇帝一向认为"回族多将种"，故十分留意从回族中挑选武备人才，清代武状元中除汉族外，以回族为多，如康熙庚辰科的宁夏马会伯；乾隆丁巳科的直隶任丘哈攀龙；壬申科的直隶献县哈延梁、丙午科的直隶河间马成龙、丁未科的山东临清马兆瑞；嘉庆丙辰科的河南邓县马殿甲；咸丰壬子科的直隶抚宁马鸿图等。近代抗日民族英雄马本斋和他所率领的"回民支队"，更是回族人民的骄傲。

在浩瀚的历史长河里，回族人民和汉族及其他少数民族一道，为中华民族的繁荣兴旺做出了积极贡献。在外御强敌，内抗凌辱，图生存，反盘剥的斗争中，回族人民与武术结下了不解之缘，把武术视为保家卫国、防身健体的有效手段，习武被视为圣行，并以此鼓励人民的尚武精神。多少年来，涌现出了许许多多的杰出将领和优秀的武术家，因而，在中华武术这一宝库中，回族武术占有不可忽视的地位。回族武术非常强调实战性，动作朴实，徒手套路众多，有"教门弹腿""查拳""穆林拳""通臂劈挂拳""心意六合拳""八极拳""回民七势"等。

1.教门弹腿。相传为明末沧州回族"沙（洒）海"（回民对回族武术家的尊称）洪沙江所传。歌诀云："沙海留下十趟拳，内有奥妙法无边；同道莫做等闲看，须防轻为鸡健弹。"又云："南京到北京，弹腿出自教门中。"以此可证弹腿是教门拳种。弹腿拳势古朴，发力勇猛，左右对称，上下相应，身正步稳，势低腿平，常为初学武术的门径，亦是升华技艺的根基，素为历代拳家所重视。

2.查拳，可称为回族武术的代表拳种，其招法飘逸、姿势优美、套路环环相扣，每路拳都套着弹腿的用法，跑、走、飞、打，变化起来，十路拳可演化成五十多路，且实战性强，是中华武术中的瑰宝。教门弹腿则是从回族原始武术演化而来的，在清代陕西回民起义军中，弹腿为士兵必练的架子功。弹腿套路严谨，骨力筋道，静则端正舒展，动则出击迅速，是回族优秀的武术套路。

3.穆林拳。此拳共4趟84式。拳掌分单、双之法，连架带打，回族特点较浓。据说为清康熙年问，伊斯兰教"哲赫忍耶门派"的创建者"大伊玛目"（掌教人）马明沁·伊卜拉欣所传，流行于宁夏等地。

4.心意六合拳。明末山西蒲州人姬际可所创，清乾隆年间河南洛阳马坡村回民马学礼（1715—1790年），从曹继武处（也说是南山郑氏）学得此艺，遂秘传于河南回民中，为当地回民的看家拳术。马氏之后，河南的心意六合拳衍分为二：一为南阳派，马氏弟子张志诚（南阳人）传于外甥鲁山人李政（镖师），李政初尚刚劲，能手断石碑，后以刚化柔，刚柔相济。其友张聚得其所传，后传与鲁山西关里虎桥买壮图（1829—1892年），买氏原为武秀才，得张聚真传，遂无心功名，潜心拳道，艺臻化境，他对拳势作了较多改进，创编了四把捶，与人交手，快步逼近，贴身发劲，为南阳派心意拳的一代宗师。他以皮货生意为业，往来于鲁山、周口之间，授徒颇多，以西安安大庆、周口袁凤仪最为有名。安大庆之徒宝显廷（1860—1947年，名鼎，壮年从戎）传艺于关中、川北；袁凤仪弟子卢嵩高20年代到上海教拳，心意六合拳始流传于宁、沪等地；其后卢氏弟子又传买式心意拳于海外。河南心意六合拳的另一支是洛阳派，为马学礼的外甥马兴（1755—1845年）所传。马兴，字鸣佩，幼从舅父马学礼习拳，结合心得创编若干套路，以"百花点将"最为有名。其子马梅虎（1850--1924）幼承庭训，得其真髓，曾在洛阳北窑清真寺教拳。他授艺重德，有"师不正不投，徒不正不收"之规，此派仅传习于洛阳东关、北窑、马坡、塔湾四处回民中，套路有定身拳32套，偏重于刚；玄妙拳32套，偏重于柔；另有轻功术32套，现已失传。

5.八极拳，古称"八子拳""钯子拳"。该拳北派始祖为吴钟。据河北《沧县志》载："吴钟，北方八极拳术之祖也，字振声，孟村天方教人。"沿袭数代，为沧州地区回民的主要练习拳种之一。该拳套路大都短小精悍，有金刚八大式、六大开、六大招、应手拳等。近代经黄四海、李树文、吴秀峰、刘云樵、霍殿阁、马英图等人广为传授，八极拳不仅普及我国东北、西北各省，同时也远播美国、日本、东南亚等国家和地区。

6.通年臂劈挂拳，亦名"披挂拳"。近代此拳名家为河北盐山李云标（曾为清京城绿营总教习，同治七年即1868年殁于捻军之役）。所传拳式共12趟，练法有通臂功、摔法、拍法、劈法、枪法等，是一种长短兼用的拳术。李云标死后，其弟子公推黄林彪（1831—1907年）为宗师。黄出身秀才，淡泊功名，以拳医寄志娱情。其弟子马风图系统地融会了李云标、肖和成、黄林彪的"通臂学说"，融八极、六合，翻子、戳脚于一炉，经多年精研，终于形成了以通臂功为核心的通臂劈挂门拳械系列。1926年，马凤图随国民革命军到西北，后与其弟马英图先后定居西安，开创了"马氏武艺"的新体系。

7.回民七势，亦称七士，齐势。回族传统拳种，主要流行于宝鸡地区，其演练套路有七势、十三势、三跪炮、五趟圣拳、六路转、大八枪、十路弹腿等。回民七势风格特点是生动质朴，攻防性强，主讲搓劲，劲刚道且柔，且以刚为主。动作虚实变化大，身法张合吞吐，步法进退趋避、架势偏低，主练下盘功夫。拳术套路多走直线，器械多打四门，节奏清晰，动静分明。

回族武术器械除刀、枪、剑、戟、棍、鞭、锤、钩、铲、斧等一般器械外，还有十分罕见的杆子鞭、哨子棍、蛾眉刺、索来拐、龙爪钩等，且带有明显的民族特色。练习回族武术首先要练石锁。石锁是用重十多斤的石块凿成，安上一根木柄，形状如同一把旧式大锁。演练时用手握住手柄作举、摆、抛、接等动作，技艺高超的武士演练石锁时可以变换多种花样，时而把石锁从胯下抛起，时而猿臂轻绕从背后接住，也可两人对接，对于增强体力大有裨益。

新中国成立后，在党和政府的关心和领导下，回族和其他民族一起团结在中华民族的大家庭中，贡献自己的力量，回族武术也由卫教、卫族、护身逐渐变为健康有益的群众性体育运动。山东、河北等地回民纷纷成立回民武术研究所及各种武术协会，广泛开展群众性武术活动；老一辈武术大师则挖掘整理濒临失传的传统技艺，并纷纷收徒授艺，一批回族武术健将涌上全国及省、地、市、县各级武坛。如河北孟村的刘秀萍、常玉刚、刘连俊等，曾多次在全国武术比赛中夺得金牌。在群众性武术广泛开展的基础上，一些回族知识分子著书立说，对回族武术的历史、流派进行了系统的总结和阐述，对其传承和研究做出了巨大的贡献。

（二）彝族武术文化

彝族是云南历史最悠久的民族之一。彝族主要分布在云南、四川、贵州、广西等省区，曾被称为诺苏泼、纳苏泼、聂苏泼、改苏泼、撒尼泼、阿细泼等，新中国成立后根据彝族人民意愿统一称为彝族。"彝"从汉文字义上来讲，有庄重古老、丰衣足食的意思。彝族人民勤劳勇敢，能歌善舞，尤其喜爱体育活动。

追根溯源，彝族武术历史悠久，自明朝以来，在峨山彝乡就广泛流传着十八般武艺。但最精彩最扣人心弦的是七人轮流对打。七人各执大关刀、链夹、骑马棍、双刀、勾链、三叉、流星等，轮流跳到场心与其他兵器交锋，只见刀光剑影，寒光闪闪，使人惊心动魄。彝族是一个崇尚武术的民族。彝族武术包括"决打"和"花梢"两类。"决打"，即敌我双方你死我活进行对打，也就是对练和散打，攻防性很强。武艺高超的彝族人不但在山寨有很高的威望，就是在异地村寨也很受尊敬。"花梢"则着重表演，表演时夹杂民乐伴奏，或在跳花鼓中进行，动作熟练，花样较多，吸引力强，可以达到锻炼和娱乐的双重目的。

新中国成立后，党和政府十分重视彝族民间武术的抢救、发掘、整理和发展。彝族武术为增进人民的身心健康，丰富山区精神文化生活，都发挥了很好的作用。随着时代的推移，社会的发展，古老的兵器最终被先进的武器淘汰了，于是决打演变成为花梢，表演时还配上大鼓、大钹、唢呐和铜锣等乐器，成为一种娱乐的形式，一代一代相传下来。时至今日，彝族武术又由彝族花鼓作前引，成了一种促进身心健康和娱乐的民间体育了。逢年过节，山寨的彝族青壮年都在寨内寨外的草坪上耍花梢，有时还要到外村去耍。

彝族武术中，兵器较为丰富，有小刀、单刀、双刀、大刀、钩镰、剑、链锤、链条、流砭、棍、链夹、古杆、钉钯、铁齿、三尖叉和长枪等。

1.彝族波长剑。此剑源于清代。刃体宽大，近尖处路窄。全体作火焰形或波折形，左右曲折，刃下部尤弯曲。刃长2尺余，柄长5.5寸，柄与鞘之形式无定。茎与护手略为十字形，护手一边另安一直性护手，柄首做圆盘形，上有小塔形之尖项，全柄钢制，刃上深刻三兽形，或蹲或驰，相间刻有一星形。

2.彝族短体插刀。彝族刀术流传较为广泛，主要有短刀、长刀、小刀、大刀之分，长柄刀中又因刀法各异而有"关公刀""蔡阳刀""梅花刀""春秋刀"几种，这些刀术大部分属于祖辈相传。关公刀由拖刀上阵、举刀亮相、挥刀护身、飞刀回马等动作组成；蔡阳刀的基本动作则由背刀上场、试刀、左右转身砍杀、亮相、前进、拖刀再杀等组成；梅花刀的基本动作由持刀上阵、试刀、梅花刀路、左右砍杀等几种动作组成；春秋刀历史悠久，刀术为世代相传，舞刀时，有单刀独杀和双刀对杀之分。彝族短体插刀是彝族男性插于腰带之中的曲刃短刀，有牙柄及钻花银鞘。刃背向外曲凸，刃锋居于内面，而刃刀尖稍向外再度曲凸，柄与刃均同一曲度。刀形精美优质，极为锋利尖锐。

3.彝族的棍术也很有特色，有花棍、前门棍、骑马棍、棍棒对练等。在牟定县江坡乡龙排村流传着一种类似"金骨棒"的齐眉棍，高不过眉，粗能手握，用坚硬的木料制作。其打法大体与春秋刀相似，单打、对打均可，男女都能操用。这种齐眉棍在操练到紧张时，舞者犹如在棍影圆圈之中，使人眼花缭乱，目不暇接。

除了以上所讲的刀、棍等之外，彝族还有射弩、流星等奇特的器械功夫。流星是彝族祖先流传下来的一种民族武艺，流星即流星锤，是武术器械中的一种软兵器。它由一根一丈五尺长的绳索及绳索一端的小铜锤构成，铜锤大如鸭蛋，舞动起来快如飞，有如划破夜空的流星一般，故而得名"流星"。清朝初年，彝族各村寨各民族由于事务纠纷常引起格斗，为了抗敌自卫，彝族人开始使用流星。随着时间的推移，流星表演已成为彝族节日的传统活动流传下来，对活跃彝族人民的文化生活，增强体质都起了很大作用。流星没有固定的套路，由七至八个单动作联结而成，有"浪子踢球""金丝缠臂""青龙出洞"等，可由前后、左右、上下各个方向击打，只要舞动起来，对手在方圆两三米内不能近身，很容易击倒对方。流星的运动方法以缠、抛、抢、扫为主，要求演练者做到缠绕抛抢、收放自如、软中见硬、力点准确。不论哪种招式，绳子在身上缠了多少圈，都能一招一招地解脱出来，打出去。老武师说"巧打流星顺打鞭"，就是说练流星要有巧劲。练流星要求有较高的灵活性、协调性和爆发力等素质，特别是颈、肩、腰等关节要灵活，因此特别适合于青壮年演练。

彝族武术多为祖传，很多彝家村寨，都有本族拳师。据说在新中国成立前，峨山县高平村有一位名叫普朝清的老人，自幼习武，功夫非凡，腾空飞脚高过人头。有次练功，他原地一个腾空飞脚踢响天花板，接着轻轻踢倒旁边的妻子而以坐盘式落在妻子的凳上。普师傅传下的高徒有柏育才、柏育德、柏应昌、柏应明等。

（三）壮族武术文化

广西壮族武术起源很早，已经有两千多年历史的花山崖壁画就表现了很多壮族武术操练时的情景。花山崖壁画是二千多年前古越人所作，壁画里的武士们身高体壮，壁画中的战阵还展现了很多刀、剑、长枪、手镖、山弩以及竹箭等武术器械，这说明了早在二千多年前，壮族武术就已经颇具规模。

壮族拳是广西壮族人世代相传的武术，相传这一武术起源于唐元。壮族人民在长期的狩猎中，观察和研究各种野兽的站立、蹲伏、奔驰、闪展腾挪的姿态和特征，并将豹的跳劲、蛇的柔性、鹤的轻盈、虎的雄姿等揉入壮拳套路中，形成了较全面的壮拳"十形"，不但丰富了壮拳艺术美的内容，同时也丰富了中华民族的象形武术的内容。在宋仁宗庆历年间，著名的壮族义军首领侬智高精熟壮族拳，并将它广为传播。王安石曾称誉壮族兵将"粤右良兵，天下称最"。明孝宗弘治十年（公元1497年），壮族女英雄瓦氏夫人将这古老朴实的壮拳揉进了北长拳功架，使后来壮拳兼备大架子，这一功夫在抗倭前线大显身手，屡建奇功。

壮族拳吸收了壮族傈悍粗犷的特质，拳势刚烈、短打标掌、借声发力。该拳种采用"站椿""打沙袋""打树椿""走梅花椿""七步铁线基本椿功"等功法练功，进退起伏以四门为径，出入变化讲求轻、灵、捷、活四要，练习时以套路为主，很适合在广西山区演练。

壮族器械打斗术，在壮族武术中与徒手技击术一样占有同等重要的地位，其所用器械品种繁多，包括雪花盖项刀、八卦良棍、白鹤棍、铁线棍、九子连环棍、九下手（棍术）、三叉、春秋大刀、三指铁钯、鱼尾叉、标、长板护身凳、飞砣、竹篙枪术。现代壮拳各种流派的代表人物有：桂南龙州的农式丰、钦州的覃明高和谭永能，桂西北的宜山蒙国栋，桂西的田阳黄大略、李永茂、黄祖全等，他们的壮拳演练十分纯熟，对壮族武术的发扬光大做出了巨大贡献。

（四）蒙古族武术文化

蒙古族是一个有着悠久历史和灿烂文化的民族 "蒙古"这一名称较早记载于《旧唐书》和《契丹国志》，其意为"永恒之火"，别称"马背民族"。蒙古族发祥于额尔古纳河流域，史称"蒙兀室韦""萌古"等。

"搏克"是蒙古语，可译为摔跤，有结实、团结、持久的美好意义。搏克是目前世界上流行的摔跤运动中，保持民族特色最完整的对抗性竞技运动。搏克的历史较为久远，起初具有很突出的军事体育性质，主要用以锻炼体力、毅力、技巧等。元朝的帝王十分提倡摔跤运动，每逢举行重要宴会，都要有摔跤手竞技助兴，并像中原历代王朝用武举选士一样，把摔跤定为选拔武士的一项重要内容，当时摔跤的佼佼者可以获得很高的荣誉。

摔跤在我国有着悠久的历史，在古代摔跤被称为"角抵""角力""相扑""争跤""掼跤""摔角"等，根据文字记载和传说，早在4000多年前的原始社会就有了摔跤活动。当时，人们为了求得生存，在与自然界进行斗争中，在部落之间的冲突中，利用自己的力量、技巧取得食物和进行自卫，从而产生了古代的摔跤。成吉思汗在统一整个蒙古后，还把摔跤作为训练士兵的一种手段，同时规定每次出征前、凯旋时都要召开"那达慕"庆祝。直至清代逐步演变成由官方定期召开的有组织、有目的的"耐日那达慕"（即友谊活动或游戏活动）。大会主要由王爷、活佛等专门组织和训练的"专业"摔跤手、射箭手、骑手间的比武。

蒙古族对摔跤运动的重视也直接体现在传统的节日那达慕大会上，也正是由于那达慕的存在，才使得传统的蒙古族搏克得以传承至今。从摔跤的技法上看，蒙古族搏克的技巧很多，可以用捉、拉、扯、推、压等13个基本技巧演变出100多个动作。可互捉对方肩膀，也可互相搂腰，还可以钻入对方的腋下进攻，可抓摔跤衣、腰带、裤带等。蒙古族摔跤的最大特点是轮着摔，一上来就互相抓握，膝盖以上任何部位着地都为失败。摔跤人数为8、16、32、64等双数，有的甚至成百上千人，但总数不能出现奇数，场面十分壮观。搏克发展到当代，随着人类社会的进步，胜负标准又发生了质变：膝关节以上任何部位"一点着地"即为负。这也意味着双方搏斗只需点到为止。当胜负决出之后，胜方不可再次用力攻击对方，这与当代体育友谊比赛的体育意识和人类体育和谐发展的趋势相吻合。随着人类社会文明的进步，搏克的取胜标准又发生了变化，与元朝盛行的摔跤形式有所不同。元朝时的摔跤摔倒后仍可以相搏，必须使对方双肩着地才算得胜，为了制服对方，往往采取各种手段，因而富有刺激性和危险性。大型比赛的获胜者有很高的荣誉，其英名在草原上长期流传。比如，运动员在一定级别的盛大集会"那达慕"大会上获得冠军时，可以佩带"景嘎"。"景嘎"是用五彩绸缎编制的项圈，每获得一次冠军，"景嘎"上就增添一束五彩绸带，这是搏克运动员荣誉的象征。对于多次夺魁、年老后不能继续争雄的老将，要隆重地授予"达尔罕"的终身荣誉称号。使其承担起教练青少年的责任。时至今日，蒙古族摔跤仍以其旺盛的生命力蓬勃地发展着。而且，如今的蒙古摔跤不许抓腿抱腿，不许跪腿去摔；用脚的招数时不许超过臀部，以免伤害对方的上身，充分体现了文明竞技的现代体育精神。

（五）傣族武术文化

傣族是我国最古老的民族之一，具有悠久的历史文化传统，远在唐代属南诏地方政权统辖的傣族地区，就有秋后练习武术、刀剑的军事制度。唐时傣族地区是南诏地方政权的一部分，受唐文化影响很深，特别在军事制度上按照南诏的制度训练，使用南诏规定的武器，更促进了傣族地区武术的发展和普及。傣族的武术受汉族地区的南拳的影响，亦吸收了缅甸、泰国传来的刀法，而且他们特别重视象形取意的造拳法，双刀对练叫象牙拳，双刀喻作象牙；对打棍叫对角，动作多模仿鹿、牛、大象相斗的形象，演练起来，时而像小鹿逗趣，时而像野牛角斗，时而又像大象鼻战，别有风味。

傣族人民的民俗传说中，有一对夫妻比武创拳的故事：从前，有夫妻二人，妻子纺线，丈夫在一旁学纺线。后来丈夫提出与妻子比武，比武时妻子被他甩到很远的地方。于是妻子找来许多人和他比，但都不能取胜。丈夫更加得意，便在家里天天练习。一天，他看见猪吃草时尾巴转来转去，就学了下来。这样，更是没有人能比过他了。后来，妻子看见芭蕉林被风吹的动作，学了下来，学得像风吹一样快，回来就和丈夫比，结果把丈夫比败了。从此就叫"咩整"，而且绝大部分武术动作名称都以"咩"开头，如"咩锡烂""咩火别""咩界朵""咩火孙扫哈"等。咩即"母亲"的意思，引申为源流的意思。傣族历史悠久，创造了灿烂的文化，武术起源亦甚古老，这从傣族俗文学中的另一则叙事神话可以证明：传说古代有个善良的少年名叫占木香，与母亲到森林中的泉水洗澡，怕野兽来侵害，就求告叭粒西，这位被神化的傣族武圣人，就教了他两种"萨"。一种是温和、柔静的"萨"，即隐身术和变化各种事物的幻术。另一种是动的，即武术和硬气功。占木香就把石头变为保护自己和母亲的老虎、豹子。从此傣族有了武术、气功和幻术。

从以上关于武术起源的传说可以看出，傣族的武术的起源都与女性有关，因此，可以知道傣族武术在母权制占统治地位时代就萌芽产生了。那位聪明的妻子从摇曳竹林的风、拍打芭蕉的雨学得参悟的武术动作，就叫"咩整"。大部分傣族武术名称和动作名称都冠以"咩"字，"咩"在傣语中即是母的意思。新中国成立前，西双版纳地区的"昆憨"（土司在农村设置的常备土宫），在农闲季节仍召集本村青年习练武艺。逢年过节，还借酒兴武，千姿百态，武术高超者，群众鼓掌喝彩。新中国成立后，傣族武术迅速发展，在瑞丽弄岛乡有一支武术队，一年四季活跃在村村寨寨，并辅导群众，为附近村寨、农场培训人才数百名，先后到州县进行表演。还应邀去户育山区为景颇兄弟传授武艺。弄莫雷村武术队长罕约在1979年参加全国武术观摩交流大会，荣获表演大赛一等奖。

傣族武术丰富多彩，历史悠久，风格突出，与人民关系密切，并且各地区亦不尽同，除孔雀拳外，尚有鸡拳、扫地拳、洪拳、花拳、大刀术、单刀术、双刀术、棍术、标术（类似花枪）、洞尖术（亦叫链夹）等套路。主要拳术有：四门拳、破四门、四门转身拳、平行拳、跳拳、合拳、对口拳、花把、小钻子拳、三动拳、美人拳等；此外还有白象舞拳、孔雀拳、喜鹊拳、卧虎翻桩、象牙拳、苍鹰搓脚拳、抓灰拳、金鸡拳、马鹿拳、鸭形拳等。主要器械有：棍、刀、剑、链枷、勾镰、铁尺、铁齿、铁锤等。其棍术包括四门反卷棍、双门棍、傣棍等；刀术包括单刀、朴刀、象牙刀、傣族大刀、傣族短刀等。剑术包括单剑、双剑等。对练有单刀对棍，四门拳对练等。傣族武术的步法以弓步、马步、跪步为主；腿法较少，并多用低腿，手型以掌、拳、空心拳为主。其节奏变化较大，突快突慢，动作柔中有刚，刚中有柔，刚柔相济；方法简单、实用，表演时都以脚鼓、芒锣伴奏，动作节奏感很强。

这是傣族人民的祖先在与大自然的长期斗争与生活中模仿生产劳动、打猎活动、动作以及植物的自然形态而创造的，并在具体实践中不断丰富与发展。如猪尾摆动、斗鸡、猴子游戏、风吹芭蕉叶的摇动都可构成武术的基本动作。在一次武术表演中，勐海县景龙寨的两名选手，伸开双臂，躬腰迈步，身体向两侧缓缓旋转，越转越低，宛如林莽中两头嬉戏的野牛。只见他们双目凝神，彼此相遇，共同发现争夺的目标，一方被激怒，冲撞而来。接着双方压低身躯，摆动"头角"，相互撑顶。他们的攻防以下盘为主，跌扑、摔打为基本动作，并配合戳脚、翻子的腿法、手法，组成整个套路，把野牛打架的形态和动作表演得淋漓尽致。

傣族普遍奉佛，格斗技击的武术本与慈悲为怀的佛教教义相左，然而傣族把武术的演练亦视为奉敬佛祖的贡献。西双版纳勐海佛寺壁画中就保留了二百年前傣族武术的壁画，极为生动珍贵，其中有练单刀、练剑和对练的形象。又如，在古代因傣族人民饲养许多大象，用它来耕地、搬运物品和作战，于是就根据大象的自卫和进攻的各种动作，创造了具有傣族风格的武术——小双刀，把大象缓缓周旋到一刹那的快速袭击动作，表现得形象、生动、贴切。

（六）景颇族武术文化

景颇族是一个古老的少数民族。他们的武术中常常含有砍地、劈兽、开路的动作。定居下来后，又吸收了傣族、德昂族武术的长处，丰富了自己的武术动作。在景颇族传统节日中，总戈节是最盛大的节日，每年正月十四日举行。总戈节是"大伙跳舞"的意思，这个节日的内容，大都是庆祝战斗胜利、荣获五谷丰收、婚庆嫁娶、喜别离逢等。这也是纪念景颇族创世的英雄宁贯娃的父母的。相传在创世纪时代，宁贯娃的父母临终前对他说："我俩死后，你要举木脑（总戈）送魂仪式，这样我们就能变成大地，你就能变成人类，繁衍人类。"宁贯娃知道，只有太阳国里才有总戈的乐舞。但怎样登上太阳之国呢，他爬上喜马拉雅山的顶峰，又跋山涉水，经历了许多地方。有一天在一棵大树下休息时，应邀到太阳国参加总戈盛会的百鸟回来了，它们停在这棵大树上，情不自禁地跳起了刚刚学会的歌舞，由孔雀带头领舞，小斑鸠飞来飞去协调大家的舞步。宁贯娃细心观摩，默识揣摩，终于学会了总戈之舞，并且在喜马拉雅山下举行了总戈盛会，他在会场中央竖起的木脑柱上，刻画下总戈舞谱，并且手舞双刀开路，从此，留下了这亦舞亦武的总戈盛会。节日的第一天，远近村寨的男女老幼，穿着节日盛装，喜气洋洋地向广场会聚。太阳升起，木脑典礼开始，鼓锣齐鸣。接着，一列景颇妇女盛装出场，头顶装有鸡蛋、糯米和米酒的礼物篮，从篱笆右门鱼贯而进，顿时礼炮齐鸣，欢声雷动。来自远方的同胞交换礼品，互敬米酒，互相祝福，在一派欢乐声中大家围成舞圈，踏着鼓点，边歌边舞。木脑（总戈）舞由两位德高望重的老人领舞，他们头上戴着美丽的孔雀羽帽，手中挥动闪亮的长刀，众人兴高采烈，跟随其后。舞步刚健优美，队列整齐而变化有序，不时夹以歌声和"峨啦!峨啦!"的欢呼声。参加者可达数百乃至几千人，场面宏大，高潮迭起，气派壮观。这一仪式一旦揭开，便从早到晚，从夜到晨，一连要跳两个通宵。

另外一种传说是：景颇族英雄雷盼在太阳神的帮助下，消灭了吃人的魔王，人们欣喜若狂，通宵达旦地饮酒欢舞，后人为了纪念这一胜利，年年都要举行歌舞庆典，称为木脑（总戈）。因此，景颇族木脑（总戈）有攘除灾邪、迎取吉祥的寓意，它表现了景颇族先民不畏强暴，敢于和自然做斗争的勇敢精神。"总戈"盛会开始，笙管、大鼓、锗锣齐鸣。一列盛装的景颇族妇女，头背礼物篮（内装鸡蛋、糯米、米酒等），从篱笆右侧门鱼贯进入广场。总舞人头插孔雀羽毛，手执礼刀跳进场中，随后是许多衣衫鲜艳、手执礼刀的男子和挂满头饰的盛装女子，列队相配，以娴娜的舞姿和刚健的刀舞相映相衬，彩巾翻跹，刀光闪闪，煞是好看。最后还有一队手握单刀和双刀，表演泼风般的刀术，持刀、括刀，躬身抹刀，仰身举刀，左右挑花，刀风飕飕，舞刀者还应和着节奏呼喊，脚步变化多端，有"十字跳""五步跳""七步跳""三步砍貌""八字排花"等刚健有力的动作。舞至高潮，呼声雷动，刀花如万朵梨花一片。群众性的景颇刀术既是久远的战争场面的回顾，又是丰收之后的喜庆，同时也是愉悦的健身活动。

景颇族的武术具有浓厚的民族色彩，该族的武术虽然有防有守，更主要的是进攻，这充分体现了该族剽悍、英勇顽强的性格。而格斗中随身带的东西都可以作为防身武器，又反映了该族常常突然碰上野兽，在与野兽搏斗中培养起来的急中生智的性格。景颇先民最早使用的兵器就是刀、矛、弩、盾，对刀尤其重视。景颇语称刀为"日恩途"，意为"生命刀"。景颇刀术种类较多，基本上分为"文蚌拳""彪赞拳"两类。文蚌拳是一种花样刀术，姿势优美大方。以象脚鼓伴奏，动作根据鼓点的快慢和轻重进行。不同年龄有不同练法，对身心健康，增强体质很有好处，几乎所有的男子都会表演几套，这种刀术主要是在节日时作表演用。

随着社会的发展，长刀作为打仗的武器和劳动的工具，其地位已经不如以往重要，但在景颇族的生活中，长刀仍无处不在，仍是景颇族男子汉形影不离的伙伴，就连民间舞蹈也离不开。"庆丰收""庆胜利"等几种舞蹈从开始到结束都是在刀光和人流中进行的，处处显示着长刀的威力。

"庆丰收"刀舞反映了完整的生产过程：舞前要在场中央放两把长

刀，舞者出场向四周观众敬礼，然后踏着节拍起舞，看地上的长刀，用刚柔的舞姿抒发对长刀的厚爱，双手慢慢拿起长刀轻盈舞动。通过快、慢、展、收的舞刀姿势，活灵活现地反映劳动的艰辛、丰收的喜悦。

"庆胜利"刀舞则包含很多打斗内容。过去，景颇族有一种叫"以弯弯"的模拟战争的舞蹈，出征前或凯旋后都要跳。舞者右手持刀，左手持野猪皮制成的盾，以跳跑步为基本步伐。前进冲杀时右手抽刀。后退则以左手持盾护身。在象脚鼓的伴奏下，忽而单刀砍劈，忽而双刀对斗。舞蹈高潮时，所有男子双手握刀胯膀抖动，双膝并拢半蹲，跺步横跨，边唱边喊边舞，动作刚健有力，表现了景颇人民的勇敢精神。

另外，景颇族还有很多自娱性的刀舞，男子汉们稳健地挥舞双刀，跳起集体舞蹈，这神奇而富有魅力的舞蹈常常让人沉湎于狂欢的场面之中，使人振奋不已。

（七）纳西族武术文化

在纳西族信仰的东巴教经书中有一千多个象形武功符号，说明纳西族是一个崇尚武功的民族。《东巴经》在纳西语中称作"东巴特额"，意即"东巴用的书"，"经"是后世学者的说法，事实上东巴的书还没有达到通常意义上"经"的阶段。"东巴的书"根据地域的不同，其记写的情况还有变异性。《东巴经》里面有两部名叫"蹉磨"的经书近年发现，被舞蹈史学界和体育史学界分别视为"最古的舞谱"和"最古老的拳谱"。其实不管定称其为"舞谱"还是"拳谱"都有道理，也都不完全准确。实际上"蹉"字在纳西文的意思就是"跳"的意思，"磨"是"谱"的意思，准确地说，这是记录了纳西族人体文化的一部"跳谱"。《蹉磨》记录的第一个组合操功叫"黄金大娃跳"，包括"牦牛斗赤虎""大神跳""东巴将官耍刀术""将军单腿跳桌""赤脚登剑梯""弓箭操功""磨刀跳""单腿旋转""单腿跪砍""牦牛抖肩""山羊斗角""饿虎扑食""孔雀喝水"等，具体场面有群打、单打、对打、三斗打、四门破、五佛跳、擒钩术等。

纳西族武术为东巴跳。纳西族原始宗教东巴教分文武二道场，武道场的跳神舞蹈即为东巴跳。东巴跳是保留了较完整的原始形态的武舞，舞谱记录了60个组合动作，一个组合就是一个完整的舞蹈，如中姐伏磨蹉——耍刀跳，考日米九蹉——弓箭跳等。东巴跳中使用的武器有刀、盾、弓、箭、矛、叉、剑、棍等。纳西族武术动作连贯优美，对打逼真，很有特色，尤其刀舞演练时，还配以清脆悦耳的银铃声。东巴跳演练时，带头的"丁巴朴罗神"怒目含刀，先示范东巴跳特有的腋下擦刀、铃上擦刀、翻身横砍、马步架刀等动作，然后众将紧跟，在响亮的板铃声中进入四门破套路。刀刺铃铛对抗激烈，威武动人。"每当祭风、消灾、祭山神与龙王、除秽、开丧、走荐、求寿等七种大道场，都要进行东巴跳。本村和邻近村寨的男女老少，都来观看热闹，巨甸一带每年都要举行传统集会，几十乃至上百的东巴，身穿彩色法衣，手执刀、又、斧、剑、弩、箭盾牌和降魔杵、矛法杖等各种武器和法器，进行对打、掷刀、投叉、飞矛各种武练、舞蹈，进退自如，威武雄壮，是带有浓郁民俗色彩的武术表演。在开丧法事上，是东巴跳最庄重热烈的大型法事，同时也是各种套路，千姿百态的集中表演，更是东巴跳师们一显绝技的时机。具体场面有群打、单刀、对打、三斗打、四门破、五佛跳等绝技有赤脚登剑梯、从数层梯顶飞下来、口含烧红的犁花尖、锄头、铁块和甩石磨盘等。东巴舞作为典型的武舞，含有大量击技格斗、攻防意味的套路形式，是原始艺术、原始体育与民族宗教相结合的一种表现形式。

（八）土家族武术文化

土家族自称"毕兹卡"，其意思为"土生土长的人"。土家族是生活在湘、鄂、川三省交界的崇山峻岭中的少数民族，宋代以后，土家族单独被称为"土丁""土民"等。最终在新中国成立后，根据这个民族人民的意愿正式定名为土家族。土家武术早在4000多年前就已萌芽。先秦时期，据《湖南武术简史》称："楚人占据湖南，湖南武术二元化格局形成"。当时楚国的武术和苗、越、巴等土著部落的武术，在斗争、交织、融合中不断发展。尤其是激烈的战争征服手段，更加速了工具和兵器的分离，促进了巴人武术的发展。唐《十道志》称："楚子灭巴（应为秦灭巴），巴子兄弟五人流入黔中。汉有天下，名目酉、辰、巫、武、沅五溪，各为一溪之长，号五溪蛮。"土家族先民巴人大量流入今湘西一带之后，散居崇山峻岭之间，占山据险，进一步发展了自己的武术。巴人部落助武王克殷后，封为子国，称"巴子国"。春秋后期至战国时，巴人已制造了"巴氏戈"。1984年在平江幕阜山一带出土了这种武器。平江靠近岳阳，应属巴子国的版图之内。此外，巴人进入湘西之后，亦制造出了较先进的兵器。在湘西出土的柳叶形剑、三角形援戈，具有明显的巴蜀风格。西汉末年，"五溪夷"首领田强率众支持绿林、赤眉起义；建武二十三年，"零阳蛮"相单程起义，汉武威将军刘尚、伏波将军马援相继率兵镇压，起义最终失败。在唐、宋、元、明各代，土家族更是起义不息。明嘉靖年间，倭寇为患，永顺、保靖等土司率兵赴战。清朝限制民间习武，实行刀枪入库政策，土家人改习拳棍，以防为主。道光二十一年，保靖土兵与清兵并肩抗英于广州乌涌，击毙英军二百多人。

土家族武术多短打近攻，动作迅疾，拳势猛烈，明劲突出，动作简练，借声助劲，声为"嘿、哈、噫、起、哒"，音通五脏，以音练气。口诀是：

窝身侧扁式式紧，吞吐沉浮须分明。

口出五音通五脏，面容严正心手灵。

若问奥妙在何处，猛准稳狠不留情。

土家武术讲究练功方法的系统、完整，既练站桩、轻功、吐纳术，又练套路和散手。其"拳头功""爪功""抗打功""插功""掌功""头功""腿功"等均有独特的练功方法。土家族拳术最厉害的要数粘功、策手和点穴。粘功，即内功或暗功，"经无形之意致有形之表"；策手，即攻防擒解脱技巧，有三十六功、七十二防，共计一百零八手；点穴、神打，即击穴功夫。另外，土家族的棍术分策棍、花棍两大类。

土家族武术在拳法上要求冲拳有力，以立拳向前下方击打对方心窝、腹部、裆部。手形主要有柳叶掌、吊钩手、金刚指等。手法主要有冲、点、劈、砍、靠、捞、敲、摆、压、插、搂、锁、封、拍、推、抄等。步法多用蛇形步、标梭步、踮步、撤步。腿法常见的有刹腿、靠腿、踩脚、提膝等。土家族武术中还有一些十分少见的功夫，如"背牛功""撞树功"等，各种武术的起源都十分独特。相传："背牛功"起源于一个牧童，他早晚背牛犊过溪，越岭放牧，时间长了，牛犊成牯牛，有千斤重，而牧童仍能背它过溪越岭，由此形成"背牛功"。"撞树功"则起源于一名看山老人。[1]除了这些少见的功夫，土家族武术还有很多稀有兵器，如"烟袋杆""羊角叉""八角拐""袖内叉"等。这些器械大都源于生产工具或器皿，有携带方便、一物多用的特点。在技击中，这些器械兼有多种器械的功能，令人防不胜防。

中华人民共和国成立后，武术被当作优秀的民族文化遗产加以继承和提高，作为运动项目朝着民族的、科学的、大众的这一方向前进。1949年，在中华全国体育总会筹备会上，时任中央人民政府副主席朱德指出："武术属于民间原有的体育形式范畴，应该广泛地受到采用。"1950年，中华全国体育总会成立不久，在北京召开了武术工作座谈会，把武术提到了新中国体育工作的议事日程；1952年冬，正式把武术列为推广项目。从此，国家体育部门将民间流传的武术，经过取其精华去其糟粕的加工提炼，使其不断得到创新和发展，并纳入了比赛和表演系列。土家族武术由此进入

---

〔1〕相传：老人每天行走在山林中，累了靠树休息，困了靠树打盹，时间长了背靠出老茧而不觉疼痛。平时一靠树，斗粗的树干被靠得哗哗响，于是被称为"撞树功"。

了一个灿烂的历史时期。土家族民间武术逐步演变为体育和舞台表演艺术形式，作为中华民族武术文化的重要部分得以传承和发展，为中华武术的繁荣做出了巨大的贡献。

第三章 武术精神与美学文化下的体育武术研究

第一节 中国体育武术的文化精神

一、武术文化精神的基本元素

源远流长的中国文化孕育了中华民族有别于世界其他民族的价值观念、理想境界、道德尺度和人生态度，它们共同构成了独具特色的中国文化精神。武术在这个土壤中诞生、成熟，无形中浸染和秉承了中国文化精神的基本元素，并且呈现出自身别具一格的特色。

关于"精神"，《辞海》中有以下定义："人的意识、思维活动和一般心理状态，是物质的最高产物和内容实质。""文化精神"则是指"一个民族所特有的并由民族文化所凸显出来的稳定的内在品格，它贯穿渗透于民族的思想观念、心理结构、行为模式、思维模式之中，体现着一个民族的精神面貌和特性。"正如张岱年先生《文化传统与民族精神》文中所言："在一个民族的精神发展中，总有一些思想观念，受到人们的尊崇，成为生活行动的最高指导原则。这种最高指导原则是多数人民所信奉的，能够激励人心，在民族的精神发展中起着主导的作用。"中国文化丰富多彩，中国思想博大精深，因而中国文化的基本思想也是一个包括众多要素的综合体系，其核心元素主要可视为四个方面：刚健有力，和与中，崇德利用，天人协调。上述四者以刚健有为思想为纲，形成中国文化基本思想的体系。

传统文化对于武术的不断充实，使得武术具备了中华民族文化精神的优秀传统元素。在中华文化精神的熏陶与涵养之下，武术不仅体现出防身自卫、锻炼健身、表演娱乐等多种不同的价值功能，而且拥有了中华民族文化生生不息的精神活力，这也构成了武术始终能够历久弥新的动力基础。从中华文化基本精神的视角而论，一般而言，武术精神可以认为主要包含以下几个方面的相关内容：内外兼修，讲究和谐的人文精神；刚柔相济，阴阳相生的包容精神；自强不息，厚德载物的进取精神；刚健有为，精忠报国的爱国精神，等等。另外，如果进一步具体细分，则又可涉及天人合一、道法自然、礼敬守法、重诺诚信等诸多相关内容。

二、武术文化的核心精神

张岱年先生曾经指出："民族精神必须具备两个条件：一是有比较广泛的影响，二是能激励人们前进，有促进社会发展的作用。"以此为依据，结合上文所述武术精神的基本元素，我们认为"内外兼修，讲究和谐的人文精神""刚柔相济，阴阳相生的包容精神""自强不息，厚德载物的进取精神"与"刚健有为，精忠报国的爱国精神"等共同构成了中国武术文化的核心精神。

第二节　中国体育武术的审美特征研究

中国武术发展至今天之所以仍然经久不衰，不仅是因为它具有健身自卫的传统实用价值，而且还因为它是一种独特的表演艺术，能给人以美的享受，使人赏心悦目并激发人类审美情操。整体而言，武术的全部内容几乎都倾注着中华民族的传统气质、民族心理、民族美感和民族精神，体现着文化审美的意义与特征。在武术理论与实践中，武术运动的审美特征在武术套路中尤其得到了直观而鲜明的展现。

一、武术美学的形式特征

武术美学除了遵循形式美的一般法则外，还用姿势、劲力、节奏、传神、结构、造型等特有要素来显示自己独立的美学特征。下面以表格形式呈现出姿势美、劲力美、节奏美、传神美、结构美、造型美以及名称美的特征，如表3-1所示。

表3-1　武术形式美表现

姿势美	姿势美指姿态、架势之美。武术项目非常讲究姿势的美感，如长拳是一种姿势舒展、动作灵活、快速有力、节奏鲜明并包括蹿蹦跳跃、闪展腾挪、起伏转折等动作和技术的拳法。长拳动作除了要体现攻防技术的含意外，还要讲究骨法和动作规格，强调姿势优美。拳谱中讲"五体匀称"，就是说四肢与躯干五条线要充满骨力，就像写字一样，结构追求匀称、工整、撑拔、舒张，无一处松软，从而呈现出一副健美势态。又如，太极拳讲"五弓"，动作处处呈圆弧，技法要求虚灵顶劲、气沉丹田，含胸拔背、沉肩坠肘，舒指坐腕、松腰敛臀，圆裆松胯、尾闾中正，动静有常，姿势均匀，势势相连，绵绵不断，别有一种娴静柔和之美。
劲力美	劲力美是指武术的劲法和力度。武术中的劲力均从"发动"和招式着眼。例如，长拳讲"劲力顺达"，富有"寸劲"，要求"起于腿，发于腰，顺于肩，摧于肘，达于手"，协调顺畅，力点清晰。南拳特点是步稳势猛，多短拳，擅标手，上肢功夫尤为突出，动作刚劲有力，很能表现运动员的力量素质，富有一种阳刚之美。太极推手则又别一番情趣。这种柔中寓刚、绵里藏针的太极双人对练，被人称为"画圈子"，运动员双方通过运用掤、捋、挤、按、采、捌、肘、靠等方法，沾连粘随，不丢不顶，通过肌肉的感觉来判断对方的用劲，并择机借劲发力将对方推出，使对方失去平衡或倒地，依此决定胜负。美学家朱光潜先生认为，美学中的"移情作用"，常常不仅令人忘我，而且产生一种"筋肉感'二武林高手所表现的劲力便常常使人们产生这种美感，即使朴实无华的拳式，其表现出的整齐简练丽又充实的劲力，也会使人心潮澎湃，筋肉随之铿锵而动，从而寓美于劲健之中。
节奏美	节奏美指武术运动中通过动静结合、变化而呈现出的有规律的节奏美感。武术动作节奏鲜明多变，气韵生动，近代自选套路在节奏变化上的表现尤其突出。如1982年在杭州举行的全国武术表演赛上，浙江队表演的。集体少林功法"，一开场就在古刹钟声配乐下，展示了少林寺僧练功的场景。运动员古朴的拳法，节奏鲜明，时而单练，时而对练，内容编排不落俗套，紧紧地抓住了观众的心弦。
传神美	传神美指能生动传达神情意态之美。武术运动一贯重视精气神作用，讲求神形兼备，心动形随. 意发神传。武术单练动作所表现出的气势、神采，彰显出一种坚韧不拔、机智勇敢的精神之美。传神也是武术艺术美中一条重要美学规律。

结构美	结构美指武术技术、战术的有机协调之美。武术套路很讲结构，结构的艺术性和编排意图则常常孕育着审美理想：中华民族的武林精英在长期实践和表演中，不断地从自然界和社会生活中吸取素材，经过高度概括和集中．创造了各式各样的套路，以不同的方式和风格体现着武术的结构之美。套路结构之美．首先是完整性，即如何起势，如何表现高潮，如何收势，都要精心构思，反复推敲，犹如一首完整的乐曲，起伏跌宕。其次要符合技击规律，注重虚实、高低、轻重、开合等综合变化，布局上的往返穿插，迂回转折，都要符合攻防原理。以象形武术中的猴拳为例，它把猴的出洞、窥望、攀登、戴桃、惊窜、入洞等一系列典型动作联系起来，层次分明，井然有序，衔接非常巧妙：蛇拳则是以蛇的"曲仰自如之态，左顾右盼之意"等动态特点创编而成。从青蛇惊醒、出洞、游行、觅食到"神蛇练月""风蛇绕树""玄蛇盘石""腾蛇起雾""白蛇吐信"等数十个动作一气呵成．再加上蛇拳的手法、拳法与各种步型、掌型配合以及富有表达力的眼神等姿态演绎，整套动作结构十分精彩动人。
造型美	造型指武术的动作姿势定型之美＝武术造型艺术可分为动态造型和静态造型。通过动、静造型在空间、时间的运动形成连续不断画面，从而产生一种独到的武术美感。就其整体来看，动静造型相互联系，相互转化，不可分割．每一个动造型的起势和收势都可以看作是静态造型。如"金鸡独立""白鹤亮翅""推窗望月""朝天一柱香"等，这些都是在伴随动态收势而成的静态造型。又如"燕子抄水""燕子钻云。"玉女穿梭""鲤鱼打挺"等，也都充满动静相间的造型美感。
名称美	名称美指武术技术动作命名之美。武术的名称独具特色，不仅概括力强、生动形象，而且富有诗意，能使人浮想联翩，唤起种种相应的美感。如武术中上举这个动作，名之为"举火烧天"，向前踢的动作称为"春雷惊笋"，原地跳跃则冠为"旱地拔葱"。这些名称既文雅形象，又能反映动作的本质。武术招势中的白猿出洞、犀牛望月、青狮托球、雄鹰探山、仙鹤腾云等富有美感的动作名称可谓琳琅满目，美不胜收，哪吒探海、武松脱铐、玉女穿梭、大鹏展翅、怀中抱月、叶底藏花等经典武术拳招，质朴、典雅的名称充满了令人向往的美感。

二、武术形式美与技击美的和谐

武术是一种以技击为本质功能的传统体育运动，武术的美感无一例外地以技击为核心，各种外在或内蕴的武术之美也都首先统一于技击本质的宏观指针。一旦离开技击的本质特征，武术套路运动的各种美感和意韵便失去了和谐的根基。

（一）健与美的统一

以技击为本质的武术之美首先指武术运动员矫健的体型与古朴的武术服装相结合而显示出的一种含蓄而刚劲的力量之美。其次，武术每一个动作的运动造型，也都表现着运动者内在情感与外部形象因为技击追求而有机统一的美感。

（二）刚与柔的相济

刚与柔的相济指武术动作在力量和速度上的变化所产生的美感。武术的刚柔相济，贯穿于全部套路之中，形成了特有的虚实相间、动静相合、紧凑连绵、起伏跌宕的风格。如拳术中翻子拳的动作勇猛激烈、密集灵活，其势如暴风骤雨、风卷残云，给人以雄浑、劲促、刚健的感觉。而八卦掌的步法灵活、身姿轻盈，其势有如流水浮云、清风徐来，使人无形中产生一种舒展、轻灵、奇巧、柔美之感。

（三）虚与实的变化

虚与实的变化指由于虚实转换而呈现出的武术美感。虚实是相辅相成的矛盾统一体，武术中的虚实变化，不仅表现在外部动作形态的变化，更主要地表现在意念和情感的变化方面。在以技击为意想的各种情景中，这种虚实莫测、真假难辨、声东击西的错综变化，构成了武术动作的特色，蕴藏着一种只可意会不可言传的审美意象。

（四）动与静的相问

在技击技术的追求之下，武术必然是一个动中有静、静中有动的变化过程，因此"动迅静定"也构成了武术运动非常突出的美学特点。尽管武术流派众多，各种套路千姿百态，但对动静都有具体形象的要求。像查拳强调"行如风，站如鼎"；华拳讲究"动如奔獭，静如潜鱼"；形意拳要求"动静相间，节奏分明—；八卦掌注重"掌如穿梭，动静圆撑"；即使全套一气呵成的翻子拳，也有"行如风雷动似雨，坐似泰岳静如山"之说；其他如劈挂拳等也皆是"以静人动则有法，以动人静则有形"。武术中的动，可表现为激烈的勇猛形式；也可表现为舒缓的柔慢形式。激烈勇猛犹如蛟龙人海，掀起连天波浪，舒缓柔慢则如莺飞燕舞，流水潺潺，从而呈现出动迅静定、动静相间的独特运动之美。

第三节　中国体育武术文化的美学展望

武术是中国历史上传统教育的重要组成部分，虽然中国历来重视文化教育，但从来不忽视强身健体和运动素质的培养，武术作为具有中国特色的身体文化形式，不仅具有现代体育的功能——锻炼身体，同时作为一种文化载体，兼具促进德、智、美及个性发展与完善的教育功能，是中华民族优秀文化的代表（国粹）。

美的本质与人的本质密切相关，人类有意识、有目的的劳动生产与生活是区别于动物的重要标志，也是人类社会存在与发展的本体核心。人类社会的一切活动形式，都是有意识、有目的的实践活动，人类正是通过这种实践活动，才历史地形成了人的认识系统、人的意志和伦理观念以及人的审美感受，即人的主体性。马克思曾经提出："劳动创造了美"的科学命题，并且指出："人也按照美的规律来塑造物体形态"。马克思是站在历史唯物主义的高度对美的本质和根源做出了科学的揭示，为美学的研究指明了方向。根据马克思提出的这一科学论断，我们得出这样的结论，美是人类社会实践活动的产物，是随着人类社会的发展而产生，随着社会实践活动的深入而发展的。人类文化学的历史发展的实际已经证明，人类是通过生产劳动和社会实践活动，从而创造出了一个拥有辉煌灿烂的文化的美的世界。

在人类社会中，任何一种民族的文化或文化现象，都是人们从事各种社会实践活动所获得的一定劳动创造的成果。这种以劳动创造出来的成果，既有一定的社会实用价值，又有一定的社会审美价值。这其中又极大地蕴含和寄托着劳动创造者完全的社会生活体验及人生精神情感。

武术的实用价值是显而易见和人所共识的，它的作用首先是服务于人们的搏击格斗、防身自卫、健身强体等实用目的。与此同时，人们又深刻地认识到，武术也具有强烈而鲜明的精神表现性和艺术审美价值。武术作为中华民族的优秀传统文化，它的核心实质上是它所具有的健身性、技击性、艺术性三位一体的综合特性，此"三性"高度地凝聚着武术创造者们深刻的社会实践及生活体验、精神情感和人生智慧。千百年来，武术不仅是民族的一种传统体育活动，而且更是民族的一种文化娱乐活动，它是物质与精神两方面的创造成果。武术之所以长久不衰地生存繁衍在中华大地及各民族的民众之中，长期地被广大人民群众接受并得以极广泛地流传、继承和发展，正是因为武术具有健身性、技击性和艺术性的这种实用功能与审美功能相统一的根本特性。也正是出于武术的这一根本特性，才使得武术具有了内容丰富多彩，形式多种多样，风格独具特色的各种武术流派和体系，不认真研究和探讨武术的艺术特性和审美价值，便不能全面而深刻地反映和洞悉中华武术文化的丰富内涵。

武术作为中华民族的优秀文化遗产，它不仅具有健身性和技击性的实用功能，而且更是具有独特的表演艺术性和审美功能。随着人类社会跨入文明进步和发展，特别是在现代社会物质文明与精神文明的协调发展中，人们对精神生活和情感体验的需求，促使人们对美的追求和实现美的愿望将更为强烈。与此同时，人们对武术的功能价值在观念上的认识也将随之发生根本性的转变，武术的艺术特性和审美功能必将得到普遍的重视和发展，武术向表演艺术化方向的发展是必然的趋势。从这个意义上来说，武术自身的发展和时代文明进步以及人们对美的追求与欣赏的需要，使武术美学应运而生。美是中华武术的灵魂，中华武术是美的化身，中华武术是中国传统审美文化的归属。

第四章　象形文化下的体育武术研究

第一节　体育武术文化的象形性

一、从汉字中初探象形性

汉字是中国文化中其他文化事项的主要载体，它记录了中国文化，是中国文化的代码，是中国文化传播的媒介，对中国文化的发展起到很大的促进作用。汉字可以传达人们头脑中的观念，只有通过汉语汉字的传播，文化才能超越时间和空间，得到交流、发展和长存。中国文化灿烂辉煌，从流传下来的浩如烟海的古代文化典籍就足以证明，而这种功劳，是应归属于汉字的。

象形字象自然人、物之形，如日月山水、人目口手、牛羊鸟鱼、禾草竹木、玉石缶皿。有象侧面、象正面、象全体、象局部、横看、竖看等多种象形方法。象形字是汉字的基础字；指事字是在象形字上加个符号；会意字是由两个以上象形字、指事字组合而成；形声字是由象形字、指事字、会意字组合而成。后来的假借、转注也能寻找到象形的演变轨迹。象形构成汉字造字的基本思维方法——象形思维。

象形文字的产生，标志着文明时代的来临。象形文字是指纯粹利用圈形来做文字使用，而这些文字又与所代表的东西，在形状上很相像。一般而言，象形文字是最早产生的文字。用文字的线条或笔画，把要表达物体的外形特征，具体地勾画出来。例如"月"字像一弯月亮的形状，"龟"字像一只龟的侧面形状，"马"字就是一匹有马鬣、有四腿的马，"鱼"是一尾有鱼头、鱼身、鱼尾的游鱼，"廿"（草的本字）是两束草，"门"字就是左右两扇门的形状。而"日"字就像一个圆形，中间有一点，很像人们在直视太阳时所看到的形态。象形字来自于图画文字，但是图画性质减弱，象征性质增强，它是一种最原始的造字方法。它的局限性很大，因为有些实体事物和抽象事物是画不出来的。因此，以象形字为基础，汉字发展成表意文字，增加了其他的造字方法，例如六书中的会意、指事、形声。然而，这些新的造字方法，仍须以象形字作基础，拼合、简省或增删象征性符号而成。

汉字本质上是象形的，汉字与中国文化息息相关，正像唐汉所说："中华民族几千年的文明都浓缩于汉字母语之中，汉字以其独特的形式，记载和传承着中华文化。每一个汉字，尤其是初始阶段的汉字，几乎就是一种实物的摹写、一幅生活场景的缩影，凝聚着中华民族的智慧结晶。"诸多的象形文字，将中国人的"民生"固化在表形和构意之中，像棱镜片、万花筒一样，折射出衣、食、住、行等方方面面，真实地反映了我们祖先的思维心态。

汉字发端于古老的象形文字，后来虽几经变迁，但至今还或多或少、或明或暗留存着一定成分的象形性、象征性、表意性。

汉字是世界文明史上目前仍被广泛使用的最古老的文字之一，也是记录中国历史的最直观符号。汉字的文化内涵大致可归纳为象形性和心里概念两大特征。在汉字文化传播的过程中，汉字凭借这两大特征传达着特定的文化含义，中华文化也利用汉语言文字的这两大优势传达理念和思维。汉字的象形性使其不只拘于字意的传达，也可实现图形的传达，并有很强的可塑性，在其简洁、抽象的字形中蕴含着深厚的文化内涵。

二、象形在武术文化中的表现

武术经过了象一种形而产生一种拳的漫长历史过程后，凡是流传到现今的拳种都不仅仅是象一种形了，而是仿效了多种生物，这是象形在武术中深化的一种表现。

（一）武术套路动作的生物象形

下面以表格形式简要列举武术套路动作中的生物象形，如表4-1。

表4-1 武术套路动作中的生物象形

虎形拳中的多生物象形	虎形拳是仿效猛虎扑食、跳跃、奔窜等动作，结合武术中的技击攻防创编而成，其特点是以形为拳，以意为神，以气催力，发劲时怒目强项，虎视眈眈，有怒虎出林、两爪拔山之势。虎形拳在其流传的过程中，经过历代武术前辈的不断实践与总结，在原有的基础上又有所创新和发展。如除了要求有虎劲外，又增加了鱼、蟹、虾、鳖等四种水中动物的动作来丰富和充实虎形拳的手法、身法、步法和击法。 鱼，要求"摇头和摆尾"，以加强头、肩、肘、胯、膝的撞击力量。主要讲究"摇与撞"。摇，是柔化之意，也就是化法：人来随他来，人去随他去，见力化力，见力得力，像钢球一样圆溜溜的，但又极其坚硬。撞，这里指的是在技击时用身体各关节部位撞击对手。 蟹，要求"钳与抹"，"钳"，指的是手指功，也就是说在技击中，若我出手擒住对方的某一部位时，手指就要像蟹的两只大脚钳住猎物那样刚强有力，使其无法脱身。"抹"是福州一带的方言，它指的是蟹在水中吃食时用嘴来舐东西的动作，有柔化之意。 虾，主要是"退"。"退如虾"，步法，南拳里有"虾退狗宗身"的说法。虾法是仿效虾在水中后退时的动作，运动迅速而左顾右盼，退中有守，退守之中又可兼进攻。 鳖，是指腿法的应用。腿法要像鳖脚一样灵活多变。它要求在技击时腿法要灵活多变，使对手感觉我的步法如鳖脚一样多而变化莫测。
螳螂拳中的多生物象形	螳螂拳具有快速勇猛、斩钉截铁、勇往直前的气势。其特点是：正迎侧击、虚实相生、长短兼备、刚柔相济、手脚并用，使人难以捉摸，防不胜防；用连环紧扣的手法直逼对方，使敌无喘息机会。螳螂象形特点决定了螳螂拳勾、搂、采、挂、刁进、刁打、黏、粘、贴、靠等主要手法。随着历史的发展，经过历代螳螂拳名家的创新与发展，螳螂拳的手法极其丰富，且巧妙如云。因此，有人将螳螂拳的手法形象地比喻为软柄重锤，发似炮之出膛，准似鸡之啄米，轻似蜻蜓点水，巧如蝴蝶穿花，快若流星落地，也有人将其称为拳中之奇击怪手，或武林中克敌制胜的妙拳之一。 螳螂拳的精妙无比关键在于其不仅仿效了螳螂之形，而且还兼蓄了其他动物之形来丰富和发展自身。正所谓："向者授受虽各有心，终不若一时神悟之有得。居数月，郎亦远游，见一猿双手搏树，旋急退。左右旋转，凡数十次，式样如一。郎窥伺久，乃欣然。若螳螂有拳无步，猿有步无拳，合斯二者，便自成家。于是本其心得以研练者又数年，螳螂拳于以大成……"这段记述充分说明了螳螂拳巧妙地吸收了猿猴的步法。螳螂拳发展的后期，模拟了许多昆虫的长处。例如它要求"端正如蜻蜓，雄健如蟋蟀，吞吐如黄蜂，列阵如蜘蛛"，再如"动如山，站如钉""起如猿，立如鸡""转如轮，快如风""势如龙驹扭丝僵"等。除此之外，梅花螳螂拳因其步法变化灵活，恰似朵朵梅花绽放而得名。

龙形拳中的多生物象形	龙源于华夏民族对图腾的崇拜，是人们想象中无所不能的神圣产物。龙由蛇身、马头、牛眼、驴嘴、鹿角、鹰爪、鬣尾、鱼鳞和虾须组成。它能翻江倒海，腾云驾雾；无论是海、陆、空均能上下翻舞，游动自如。 龙形拳是以古代养生吐纳导引气功，与十二生肖之龙形仿生学为基础理论，以天人合一阴阳五行为基本观点，以生命科学为研究对象，由先古高人编练而成的独特拳种。龙形拳是根据龙的凌虚翻腾等特点创编，属峨嵋拳类。其风格特点为扭拧缩骨、钻打穿滚、身势沉荡、玄妙莫测、进退圆活、舌吐沉浮、变化多端、手法巧捷、神气自然；动之如万马奔腾，静之则如伏波。龙拳在卦属震，是雷之象，有乌龙盘柱之势，有青龙戏珠之巧，有蛰龙翻浪升天之势，有抖擞之威，有探爪俯首之精，隐现莫测，虚实无定。以龙命名为拳的种数是很多的，仅四川就有水龙拳、青龙拳、乌龙拳、盘龙拳、龙形拳等。 龙形拳又称"十二龙形拳"，它以柔为主，外柔内刚，刚柔并济，步法灵活，手法多变，动作舒缓连贯，一气呵成，并以缠裹为主。技法列阴阳之属，旋转之法，左旋相生，右旋相克，左右转旋是生与克变化，而它的形体特征则是"龙形蛇腰，猫行狮蹲，体态绵软"，形成曲蜷之势，鹿伏之状；以丹田为根，意为用，前手为龙，后手为虎，功法隐有旋转之妙，手、足、身、形皆在其中。 各种龙形拳在发展中也不唯独象龙形。比如在《龙尊拳谱》中就讲到如"猫戏鼠，虎过山"，同时还讲到"三牛一燕子法：老牛、雄牛、铁牛、燕子抱梁"。三牛者，比喻如老牛的身势俯伏，势低锐进；如雄牛的身势昂扬，斗虎之勇；如铁牛的身子坚实。燕子抱梁者，比喻身手之轻捷。还讲"六虎目录"，即"抱头虎、尖嘴虎、独虎、扑地虎、平肩虎、法云虎"等六虎法、金蝉脱壳法等。此外该拳谱中提到的灵物有马、鱼、蛾、鼠、蝙蝠。此外，还有蛤蟆腿、饿狮腿、拖桃猴、蟹泊、鸳鸯跤等。可见其象形格物之细致。

（二）武术动作命名的多种生物象形

1.六合心意拳

六合心意拳又称"守洞尘技"。顾名思义，由于此拳术是由心生意，又由意转化为拳招，故又名曰"心意拳"。该拳最普遍的通俗称呼是形意拳。心意拳相传为明末清初的武术家姬际可所创。由于外族入主中原，当时的姬际可便产生了强烈的反清思想，后来到了河南少林寺，因武术精湛，便留在那儿教学，居留期间又对明朝盛行于少林的五行拳深入研究。有一天忽见两鸡相斗，遂悟其理而创了心意六合。后来，心意六合拳自洛阳人士马学礼得姬际可真传后，数百年来形成了河南心意六合拳一大支流。

在山西六合心意拳中，讲究鸡腿、龙身、熊膀、鹰捉、虎抱头、雷声。姜容樵《形意母拳》记述道："六合者，鸡龙熊鹰虎雷。形意拳之身法，六形合为一体也。"由此可知，这是对形意拳身法要领的总括。身法，不仅包括了身手头足的静态姿势，而且还包括了身手头足的动态要领。同时，形与意合，更深层次地概括了拳意、劲意等意识的应川。鸡腿、龙身、熊膀、鹰捉、虎抱头、雷声，是其基本身法中极其重要的关键要领和根本姿势，即"六合势"。

2.太极拳

太极拳中许多动作姿势也富含多种生物的象形特征，如太极拳讲究"运动如抽丝，迈步如猫行"的运动演练特点，内含野猫、猎豹、猛虎之攻防形态。杨公澄浦在《太极拳之练习谈》中有训："两腿宜分虚实，起落犹似猫行。"武公禹襄在《打手要言》中日："迈步如猫行，运劲如抽丝。"意思是练拳行步时好比家猫或野猫般轻灵、稳健。"猫行步"之重要标志是从大腿、小腿、足跖的"节节贯串"，往往足跟离开地面有较高距离，由于足跖的重量下沉，足尖还在地面，当足尖离开地面后，足跖自然下垂，迈步向前，先由脚跟着地。以此为全腿松沉的表象，酷似猫科动物猎豹在向猎物发起偷袭前慢步匍匐前进的步态，比如猛虎和家猫慢步时"节节贯串"的两前爪之形，柔韧而矫健。谓其"迈步如猫行"，而非"迈步如猫跑"者，是其对太极拳步法形象生动而准确的描绘。

太极拳讲究"用意识引导动作"，是一种"会意"的运动。只有徐缓的运动，才能更好地会意。因此，太极拳运动既要像抽丝那样徐缓，又要讲究速度均匀，要求保持适当的等速运动，就像抽丝那样均匀地抽拉。如果不徐缓均匀地抽丝，丝就会被拉断，太极拳动作就不能做得势势相连，绵绵不断。太极拳的步法必须相应地像猫迈步那样轻灵，走架时步法轻灵，动作如丝般轻韧柔长。值得注意的是，"轻"不等于飘浮，"轻"是动态表现其中蕴藏着相当分量的柔韧的劲力，"浮"则完全不同，是本质的缥缈无根，一触即溃。

另外，太极拳要求重意不重形，则进而隐含着无所不包，拳中招式里包含着诸多的生物形象，仅从其拳名来讲就有"野马分鬃""自鹤亮翅""左揽雀尾""右揽雀尾""自蛇吐信""倒撵猴"等。

练习武术，就是在练习人体伸缩、开合、扭曲、盘旋、进退、旋转等的规律，人们可以从动物身上学习到这些运动特点，而每一种动物都有自己独特的攻防技能特点，因此，多种生物象形集于一种拳术中，是该拳日益成熟的表现。综观中国近代武术，无一不是在格物象形上狠下了工夫的，下工夫越深，其拳理越细微、奥妙、实用。

三、武术象形的具体体现

象形取意、格物致知、学长利用是中华民族传统的思维方式，是中国传统文化产生和发展的主要方法之一。人们观察发现自然界中一切灵妙之物，并能进一步模仿、颖悟，从而产生技巧和智慧。中华武术中的象形思维正是沿着这样一条主线，通过对各种动物、植物、人自身的特征、特性及生活中的情景的模仿，并将其与生活中的攻防格斗的方法结合起来，形成了内容庞大的武术象形体系。象形体现森武术技术动作中，体现在拳种、拳谚、拳诀、拳谱、拳理上，体现在武米器械的形制以及武术训练方法中等。

（一）体现在武术技术动作上

中国传统文化有不同的表现形式，不同的形式有不同的物质载体和物质手段。武术的物质载体是人的身体，人的身体动作是表现手段，但是这个动作又不是一般的、日常生活中的人的自然形态的人体动作，而是经过提炼、概括、加工和美化的人体动作——武术动作以及由武术动作所蕴含的肢体语言的文化，也就是说，武术是以武术动作所组成的武术肢体语言来展示技击观念的。因此，研究象形文化一定要研究象形动作以及象形动作演绎的语言，来解释动作所蕴含的文化特征。

动作这个概念有狭义和广义两种理解：狭义的动作，指人体动作，即人的全身或身体的一部分的活动；广义的动作，指人的一切行动，包括人的所作所为。在西方的文艺理论著作中，"动作"这个词一般是指一篇故事或一部戏剧中的情节，因为，情节是由人的一系列互相连贯的行动所组成。本书所研究的象形动作是狭义的动作。

武术象形动作是经过提炼、组织和美化了的人体动作，是一种实用、表意的艺术化动作。是武术人按照武术运动的自身攻防规律的需要，结合被模仿对象的特征或属性，对人体动作进行加工和改造，以适应武术实用、审美的需要。

形意十二形拳法，就是模拟龙、虎、猴、马、蛇、鸡、燕、鹞、鼍、鲐、鹰、熊等动物的形态，取其厮斗之技能而创编为拳的。龙形练神，主练一气之升降，它以龙有升降之形、搜骨之法、抓击之能为拳；虎形练力，主练一气之吞吐，它以虎有伏身离穴之势、扑食之勇而为拳；猴形练灵，主练一气之伸缩，以取猴纵跳之灵、伸缩之法、以爪为锋、攫取之能而为拳；马形练疾，主练一气之吞吐，以取烈马疾蹄之功、冲锋陷阵之勇而为拳；蛇形练气，主练一气之吞吐，以取蛇有吸食之功、拨草之能而为拳；鸡形练勇，主练一气之收放，以鸡有厮斗之勇、啄食之功、摩胫之能而为拳；燕形练捷，主练一气之起伏，以燕子性敏而轻捷，有抄水特技而为拳；鹞形练猛，主练一气之开合，以鹞子之猛，有入林特技而为拳；鼍形练活，主练一气之曲伸，以鼍有浮水分浪之技、翻江拨水之能而为拳；鲐形练精，主练一气之提送，以鲐有分水前进之技，护尾之能而为拳；鹰形练狠，取其神目利爪，捉拿之精而为拳；熊形练威，取其出洞之威、竖项之力而为拳。

再如八卦掌讲究"三形三势"：三形者，"行走如龙，动转若猴，换势似鹰"；三势者，"步如趟泥，手如拧绳，转如磨磨"。如此才能达到掌法多变，腰如轴立，脚步灵活，周身和顺。

动作是武术象形的首要表现，如大量的动作名称：童子拜佛、脑后摘盔、虎踞龙盘、老鹰扑食、金鸡抖翎、鹞子翻身等。

（二）体现在武术拳种中

中国武术在几千年的发展中，形成了众多的拳派和拳系。1985年挖掘整理的就有源流有序、拳理清晰、自成体系的129种套路。至今，有130种拳种。在这些拳种中，有螳螂拳、鹰爪拳、蛇拳、鸭拳、猴攀、醉拳等。这些拳模拟模仿动物和人的形态，并取其爪、角、尾之利，腾身纵跃之能，在技法上具有以形取势、借形显意、以意传神的特点，重其形且更重其意，心动形随。在技击中强调以形取意，动作起伏较大、变幻莫测，形象生动活泼、风格独特，演练起来栩栩如生，妙趣盎然，令人叹为观止。

（三）体现在武术谚语中

谚语就是用一句结构完整地话来概括的真理或哲理。由于武术在民间的广泛传播，出现了大量的武术谚语。这些谚语通俗生动、言简意赅，既是对习武经验的总结，也是对练功习武的指导。民间把练功的经验、体会及练功的方法以顺口溜的形式记录下来，便于保存、记忆，并指导练功。中国武术谚语的内容极为丰富，涉及练功习武的各个方面。如器械的演练谚语"枪怕摇头，棍怕换把""钩走浪势，戟扎戳势"，"见之似好妇，夺之似惧虎"与"静如处子，动如脱兔""下场如书生，上场似猛虎"，是借好妇、书生、处子的温良、知理、通情、达礼之意比喻武术修养的境界，借惧虎、猛虎、脱兔的迅猛和疾速之意来比喻武术的功夫技击含义。"进步如犁行地，落地如树木生根"取犁地行犁和树生根的稳固之意，来比喻武术功法的意义。

（四）体现在武术的歌诀中

在中国古代，无论是传授武技的武师，还是习练武术的学生，大都文化程度较低，甚至有些是目不识丁的社会下层人物，且不说拳谱数量很少，大多数人与之无缘，就是有了也看不懂。为了便于传习，中国的武术家们从大量的实践中总结和提炼出了许多武术歌诀，比如"拳诀"就是一种，包括习练歌门拳法的拳势要领、技术动作标准、拳路的用法要义等。凡是比较成熟的武术门派，一般都有自己的拳诀和拳歌。如《拳经总歌》，太极拳的《打手歌》《十三势歌》《杨氏太极拳谱歌》，形意拳的要领歌诀《九歌》，翻子拳的《站桩翻拳歌》，少林点穴法的《二十六要害穴点打法歌诀》等。这些歌诀，通俗易懂，合辙押韵，抑扬顿挫，易背易记，为武术的传承发挥了作用。如："抄水手出去撩阴，翻手一掌如胸平。落步好似钉入木，脚手齐落方为真。"这些歌诀反映出武术先辈的智慧和创造。

（五）体现在武术的拳谱中

古代武术没有教科书，人们练武的文字依据是拳谱。拳谱记录着拳势名称及用法，一句或两句一势，一般为七言或五言句。拳谱对于武术传习固然很有价值，但普及性却十分有限。这主要是因为能够读懂拳谱的必须是有一定文化的人。如《武编》的作者唐顺之久存有《温家拳谱》，晚年尚能背诵拳名十余势。如《形意十二形讲义》中说：人以身形物之形，物之意以人意悟之，此形意拳名之理源也。练之洁白华外，使人身四肢、五脏、六腑、七表、八里、九道、十二经络无闭塞之处，而百病亦无发生之源。故拳中有四象、五行、六合、七政、八卦、九宫而化取十二形，以气通贯十二经路是也。夫学者于形意十二形，潜心玩索，洞明奇偶之数，阴阳之理，果无悖谬，久之不特强身，且能强种强国。可不勉力行之哉。另外，据手抄本《形意拳谱》有《五行十二形大连环歌诀》云：

出手钻劈横，狸猫上树蹬。青龙出爪探，退步横拳封。进步顺崩打，变步用马形。踩卷五行炮，猛虎扑山风。撤步骀形打，龟形似蛟龙。翻身顺手炮，懒龙卧道中。龙虎交架式，钻劈挂龙形。飞燕掠抄水，撩阴敌命倾。金鸡独立势，报晓并抖翎。蛇形左右势，鹞子搜林中。撤步横拳打，劈拳变猴形。鹰雄斗智式，十二连环终。

（六）体现在武术的拳理上

武术的拳理处处体现象形的存在，例如形意拳以"形意"命名，取其"形意合一"也。形在外，意在内，"有内无外不成拳，有外无内难成术"。如猴有猿猴挂印之精，有偷桃献果之奇，有攀枝上树枝巧，又有蹬枝坠枝之力和辗转挪移，神机莫测之妙。性属阴土，通脾。以拳势言之，有封猴挂印之精，有偷桃献果之奇，有上树之巧，有坠枝之力。以形中最巧妙者，莫过于猴之为物也。故曰：不是飞仙体自轻，若闪若电令人惊。看它一身无定势，纵山跳涧一片灵。再如马有抖毛之威．有疾蹄之功，撞山跳涧之勇。五行属火，通心。马，最仁义之灵兽，善知人心，有垂缰之义。以拳法之用，有龙之天性，翻江倒海之威。故曰：人学烈马踬蹄功，战场之上抖威风。英雄似海扬威武，全凭此势立奇功。

（七）体现在武术器械的形制中

人面钺，商代后期，山东益都出土，钺是古代一种兵器，同时象征权力和法律；饕餮纹钺，商代后期，河北藁城出土；兽面纹戈，战国中晚期，四川新都出土；蛙形矛，西汉云南晋宁出土，该矛纯锋宽叶，一蛙倒伏，后脚据矛叶下部，两前爪抱持矛銎，并形成两个环耳，器形极为特异，在英国博物馆藏有与此类似一件；扁茎剑，秦陕西临潼出土，扁茎剑之剑茎如兰叶，极为锋利，一次尚能划破十八层纸；鹿首弯刀和羊首短剑，商代后期，河北青龙出土，鹿首弯刀通长29.6厘米，羊首短剑通长30.2厘米，均具北方少数民族特色；人形柄匕首，战国晚期，湖南长沙出土，柄作立体人形，龙鼻圆眼，两耳有粗大耳坠，上身赤裸，腰系短裙，似为江南古越族所制兵器；马头刀、蛇头剑，商代晚期，陕西绥德出土，其中，蛇头剑通长36厘米，剑尖呈舌状，柄端作舌头形，舌口中有舌，可活动。器械的制造体现出先人在观物取象的思维方法。

借助某一类事物的启发或某一类事物的特征、属性，综合运用联想、想象、象征、比喻、借代、演绎等修辞方法，表现武术攻防内涵的思维方式。如果说人们在表达思想观念时存在着象形思维的话，那么这种思想的基本特征就是在天地万物中探寻与主观意念（包括情感、意识、态度心境等）相匹配的客体，于它们相异性的表层挖掘出相似性的深层，从而表达出两种物象融合后所赋予的意义。

武术的象形思维通过类比、比喻、借代、拟人等，将具体的物象与武术所要表达的观念（包括攻防的方法、态度，等）连接在一起，寻找它们之间的相同、相异点，这种方法正是人类认识客观世界及其规律的方法之一。观象于天，观法于地，观鸟兽之文与地之宜，近取诸身，远取诸物正是这种象形思维的方法。归根结底就是：取象下之意，为他象所用。

四、象形思维在武术中的延伸

（一）武术中八卦、五行哲理的象形体现

武术讲究比类取象，天人合一。象形取意是中国传统文化的典型思维，武术同样具有中国文化象形思维方法。太极八卦、阴阳五行是我国古代的哲理，在我国各种理论中，"五行八卦论"都渗透其中，五行、卦、阴阳也似象形的方式渗进了武术之中。不管是外家拳或是内家拳都融进了五行、八卦的比喻象形道理。如王宗岳在《太极拳论》中说："长拳者，如长江大海滔滔不绝也。十三势者，掤、捋、挤、按、采、挒、肘、靠，此八卦也。进步、退步、左顾、右盼、中定，此五行也。掤、捋、挤、按即乾、坤、坎、离四正方也。采、挒、肘、靠即巽、震、兑、艮四斜角也。进退顾盼定，即金、木、水、火、土。合十则为十三势也。"南少林中的"金，木，水，火，土"五行手的生克，特别是太极形意、八卦用五行八卦、阴阳来象形比喻的拳理学论是相当完善细致的。

1.太极八卦

太极是中国思想史上的重要概念，是中国古代哲学用以说明世界本原的范畴，源于《周易》。太极拳套路为圆形，各式太极拳套路首尾衔接，始于起点，终于起点。身法为圆弧，一身备五弓成坐腿势，立身中正，安舒自然。动作走圆弧形，大脚小圆，绵绵不断；拳势是圆形，阴阳环抱首尾相交，两手分为阴阳，合为太极；劲别是圆形，合劲是一整体，周身皆是力点，元处不是攻防。圆与弧的连绵均是"无极"的形象体现。另外，练太极拳者要心胸无比开阔而纯无杂念，宁静空寂，把握到这一点，才是把握到太极拳的精髓。这亦为无极所致。太极拳的动静、刚柔、进退、开合、展伸、起落、吸呼、虚实、收放、化打等均是阴阳变化的表现，特别是太极拳的柔中寓刚，如棉裹铁，静中有动，阴阳相济，均可在《太极图》之阴阳互动中找到解释。太极拳突出养生功能的关键在于气，更道出了太极哲理的核心。八卦生化的含义是阴阳二气交感，化生万物。八卦是易学研究的主体。八卦即从四正四隔八个方位测出天地变化的重要记录。每一卦由三爻组成，次序是自下而上，分初爻、二爻、三爻。三爻取阴、阳两种不同符号进行组合，便形成八卦，作为宇宙万物之根本，代表八种最基本的事物：乾表天，坤表地，坎表水，离表火，震表雷，艮表山，巽表风，兑表泽。又以八卦之中两卦组，错综配合，得六十四卦和三百八十四爻。《易经》认为，此卦与爻代表了宇宙万物的基本性质与变化规律，体现着事物发生、发展的内在原因。

八卦掌的基本八掌分别比附为乾卦狮子掌，取象为狮；坤卦返身掌，取象为麟；坎卦顺势掌，取象为蛇；离卦卧掌，取象为鹞；震卦平托掌，取象为龙；艮卦背肾掌，取象为熊；巽卦风轮掌，取象为凤；兑卦抱掌，取象为猴。八卦掌还借用八卦的一套数术，来规范拳技的层次性和系统性，以八个基本掌法比附八卦的数目，以六十四掌，分为八组，每组八掌，比附八八六十四卦的数目。运动时沿圆走转，按八个方位进行，即所谓四正步、四斜步。走转时上静下动，发劲时刚中有柔，柔中寓刚，全身上下虚实分明。左右运动对称，圆转折变，阴阳相易，物极必反，终而复始，循环无端，具有八卦哲学的重复变化的循环论观点。

2.阴阳五行

阴阳本是对立的两方面，但它们又是可以统一的，只有统一了才能化生万物。

《尚书》中的五行学说揭示了事物之间的相互联系与制约：

五行：一曰水，二曰火，三曰木，四曰金，五曰土。水曰润下，火曰炎上，木曰曲直，金曰从革，土爰稼穑。润下作咸，炎上作苦，曲直作酸，从革作辛，稼穑作甘。[1]

五行，本来是指木、火、金、水、土五种物质，被中国古代思想家用来说明宇宙万物的起源和多样性的统一。五行说不仅认为自然界的万物由木、火、土、金、水五种基本物质之间运动变化所生成，宇宙的事物可以在不同层次上分为木、火、土、金、水五类，从而构成不同级别的系统结构，而且还认为世界上任何事物都不是孤立的、静止的，而是在五行不断地重复运动中维持着系统内部和系统之间的相对稳定。武术理论根据五行相生相克之说，认为金生水而克木，水生木而克火，木生火而克土，火生土而克金，土生金而克水。形意拳中的五行拳就是根据上述原理创编的，它又以五行拳为基础衍生了连环拳、杂式锤等多种拳式。五行拳遵循"五行相生相胜"的原理，形成了生动活泼的各种练法和套路。五行"相生"意味着相互促进，即金生水、水生木、木生火、火生土、土生金；五行"相胜"即"相克"，意味着相互排斥，即水胜火、火胜金、金胜木、木胜土、土胜水，又称水克火、火克金、金克木、木克土、土克水。五行"相生"，在五行拳中劈拳变钻拳，钻拳变崩拳，崩拳变炮拳，炮拳变横拳，横拳变劈拳，横拳被称为"五拳之母"，这是由五行中土是"母"而来（土是万物之根本，故称"五行之母"）。五行"相克"，在五行拳中则为劈拳破崩拳，崩拳破横拳，横拳破钻拳，钻拳破炮拳，炮拳破劈拳。在双方以自由的形式与方法相击，也就是"相破"时，情况更是千变万化，绝不可能有一成不变的程式，不按金、木、水、火、土之间的"相克"关系而用其他的方法也可以"相破"。

（二）武术对自然、社会的取意

象形在中国，不仅包括仿效生物，而且还包括仿效非生物。远取诸经，近取诸物。象形深化的另一个表现是非生物象形于武术之中。即象形是有科学道理的，有明显力学原理或物理学的其他原理的物性表象。

---

〔1〕《尚书·洪范》

伴随着人类文明的进程，原始的模仿思维方法逐渐发展成为较为抽象的象形、取意、象征等更文明理性的思维方法，但是，仍然留有原始象形的滥觞。由远古的自然、图腾崇拜和丰富多彩的象形武术和众多武术套路中的象形名称、谚语等都能得到验证。

1.拳谚中的象形

中国武术谚语内容极为丰富，其中不少涉及非生物象形在武术中的各个方面。如"手是两扇门，全凭腿打人"，比喻比武时，两手应像两扇门一样，根据来招随时做格、挡、拨、封等防守动作。与此同时，用腿做踢、弹、踹等动作攻击对方。"见之似好妇，夺之似惧虎"与"静如处子，动如脱兔""下场如数生，上场似猛虎"是借好妇、书生、处女的温良、知理、通情、达礼之意比喻武术修养的境界，借惧虎、猛虎、脱兔的迅猛和疾速之意来比喻武术的功夫技击含义。"进步如犁行地，落地如树生根"取犁地行犁和树生根的稳固之意，来比喻武术功法的意义。

2.武术器械中的象形

武术器械中，首先是名称上的象形。如青龙偃月刀、龙头状元刀、乾坤日月刀、柳叶刀、乾坤日月轮刀、双凤日月追魂刀、浪花刀、虎牙枪、梨花枪、火焰枪、十字镰枪、太宁笔枪、月牙斧、降魔钺、风翅镏金镗、葫芦铲、雷神鞭、乾坤圈、雷公锤、螺丝锤、霸王锤、流星锤、铁蒺藜、梅花针、雪花镖、枣仁镖、三星镖、七星镖等。其次是形制上的象形。如方天画戟，其一侧有月牙形利刃Ⅰ秦扁茎剑。陕西临潼出土，其剑茎如兰叶，极为锋利。铁蒺藜，中国古代一种军用的铁质尖刺的撒布障碍物，它有4根伸出的铁刺，长数寸，凡着地约有一刺朝上，刺尖如草本植物蒺藜，故名。在古代战争中，将铁蒺藜撒布在地，用以迟滞敌军行动。柳叶刀是在中国使用的中国武术刀中的一种，因刀的形状类似柳叶，故此得名"柳叶刀"。柳叶刀通常用于骑兵和步兵，明军曾大量装备此刀。这种武器沿着刀片具有温和的曲线，因而减少了阻力，同时增加了其削力。

3.拳种中的象形

在武术拳种中也不乏非生物象形的例子。例如醉拳，作为象形拳的一种，是以醉形、醉态而迷惑对手的，也是寓含武术进攻与防守技术为一体的拳术。醉拳的特点是快速多变，出奇制敌，并以其独特的观赏价值、健身价值和实用价值备受习武者的青睐。

醉拳的功架造型多为半倾半斜，似倒非倒，以倒取势，常在重心，火势间变化动作，来防御、攻击对方。醉拳身法常以来、合、外、降、拧、转、旋、摆和前俯、后仰等变换。

醉拳对腰腿的柔韧性、关节的灵活性、内脏的功能以及意志品质等方面要求都较高，通过表演能给人一种挺拔、轻盈、潇洒的感觉。

4.武术运动特点的象形

拳种里的武术造型也富含象形之道。如长拳里的造型态势就模仿了自然界里的物质形态。长拳运动的节奏千变万化，武术前辈们以自然景物和动物形象作比喻，用对立统一、精炼夸张的术语，把人体运动中的动与静、起与落、站与立、转与折、轻与重、快与缓等辩证关系，归纳、概括为自然界里的各种物形：动如涛、静如岳、起如猿、落如鹊、站如松、立如鸡、转如轮、折如弓、轻如叶、重如铁、快如风、缓如鹰。矫健缓慢，潇洒自如；做到慢而不懈，缓而不松，全神贯注。

象形的思维方法促进文明的传承和创新，文明的发展深化了象形思维。象形武术是武术中的奇葩，包蕴丰厚民族文化内涵而卓立于世界武技之林。它丰富的文化内涵完全是中国传统文化的哺乳和规范。武术先人仰观天宇，寻求体悟与永恒的宇宙交换信息的同时，他们又俯视大地鸟兽虫迹，旁观天下万物之时，不耻以虫蚁为师，从而启迪心智，汲取无穷的灵感，进而形成了象形取意的自我完善的创造力，在观察、模仿中获得灵性，把来自于身外的攻防素材融入武术的辩证思维中，形成今天博大精深的象形武术文化。

武术象形文化的取象是针对万物的相克及攻击性特征，同时，取象也代表某一历史时期、某一民族甚至是某一些人的认识。自然界的美丑与人的主观的美丑不是一回事，客观物象本是没有任何感情色彩的，但是在武术人那里往往被赋予了一定的感情，寄托了人们对格斗的思维方式（认识、态度等）。武术中的象形也是发展变化着的，如初期的金、木、水、火、土，后来的长鞭甩击（道臂）、车轮滚转（翻子），进而与现代科学的名词也联系上了，如三角、螺旋、惯性、斜面、杠杆、滚锉、撞击、平衡，这些概念在内家拳中局部或全面地进行了引进试用。特别是在最晚形成的大成拳中，出现了一整套的试力理论，八卦拳和太极拳中则列进了一整套关于劲别的理论。在论劲别中也讲到了上述的科学名词概念，什么阻力、反作用力、直曲、游泳、机轮连续等概念，并力求在练习中做出来。古时象形格物是"力如猛虎拳如箭，现代进化成"力如火药拳如弹"——即从冷兵器的弓箭进步到枪的子弹，再进而为"快如光，疾如电"，则象形格物到现代的电气化了。可见象形格物的理论和实践也是随着科学的进步而演化渐进的。

第二节　体育武术象形的符号化和诗性化

一、武术象形的符号化

（一）武术象形的符号特征

武术是一种动态符号，它是一代代武术人智慧的结晶，是武术人约定俗成的身体符号，作为传统文化的载体，它具有本民族的文化特质。

1.武术象形是一种动态身体语言符号

身体语言一般是由动作、姿势、表情组成，直接作用对方的视觉冲经和触觉神经来传递信息、交流思想，具有直观的特点。它是承载和传递情感、态度和意向（即文化）的最佳媒介。因此，它具有传递信息的功用，而且有让人借以把握真实信息的价值。在语言、文字发明之前，传递思想感情，靠的是人的心理和生理活动，而身体动作无疑是最好的形式，人类通过自身的姿势体态来表达意识的感受。

当我们的身体姿势在一代代人之间作为媒介物进行传承、成为了人类情感和意识的基本符号形式时，武术动作就有了生命力。所有的武术动作都是姿势，但不是所有的姿势都是武术，只有融进了攻防技击含义、赋予了中国传统文化内涵的姿势才成为武术。

手势语言曾经是原始初民们的重要言语形态。据有关专家统计，人的大臂、前臂、手掌、手指的各个关节如果组合运用的话，可以做出70万个动作，比现代英语和现代汉语中的常用词汇还要丰富。[1]

身体语言具有符号的规定性，即指向一定的对象，表达主体人的一定的思想。根据形体语言表达的性质分为直观身体语言与艺术形体语言。

俄罗斯著名的舞蹈思想家米哈伊尔·福金则说：舞蹈是手势的发展，是它的理想化。

象形武术是原始一拳、一腿的发展，是一拳、一腿的理想化。身体语言根植于我们祖先从动物祖先继承下来的姿势，随着人类思维的进化，姿势逐渐被语言化和符号化，成为人类生活必不可少的一部分。武术是通过身体运动来传递知识和文化的，武术具有身体语言的符号性特征。美国学者安德鲁·斯特拉桑在《身体思想》一书中认为：

---

〔1〕钱谷融、鲁枢元：《文学心理学》，上海：华东师范大学出版社，2003年，第213页。

身体是一个问题，迷人而深奥。我们每个人都拥有一个身体，并且天天都遭遇他人的身体，但是这并不表明我们对身体有充分的认识，比如身体与肉体是一回事吗？人们通常把身体（Body）当作肉体（Flesh），仅就思想而言，这是对身体的降格。身体是多维度、多层次的现象，其意义随民族与性别的不同而不同，随历史与境遇的变化而变化。

当先人把某一"外象"与身体动作结合并赋予了攻防含义后，身体动作就成为武术符号。表现为众多武术象形动作和象形拳种以及拳诀、拳谱的象形语言中。

象形武术中的身体表达的是中国人的攻防语言，是一个会思考的身体，是一个创造无声语言符号的身体。从心理发生的观点来看，这种象形动作语言，实际上就是一种渗透了言语活动主体对某种语境的真切体验的语言，它融入了主体人的思想和智慧。

2.武术象形符号的民族性和时代性

武术就像语言、哲学、绘画和艺术、音乐那样，是一种表达方式，是一种活生生的语言，是翱翔在现实世界之上的一种艺术的启示。人的动作、表情等虽然有表情达意的作用，但它远不像有声语言那样丰富，它是通过视觉的看实现的。而武术不仅有身体语言，而且还有动作名称的文字语言共同传承。象形武术符号所表示的体态语的意义具有民族性、时代性。

（1）符号的民族性

首先，不同的民族有不同的文化人文背景，有各自不同的文化积淀，所以不同民族、不同文化背景的人，体态语的类型不同，体态与什么意义结合也不同。如西方人用直拳、摆拳、勾拳等来展示自己的搏击功夫；而中国人则用武术来诠释攻防的作用，这显示了体态语的民族性。其次，体态语的民族性还表现在同样的意义在不同民族中有不同的体态表示。

（2）符号的时代性

体态语的时代性是指体态语既有传承性，又不是一成不变的，体态也随着时代的变化而变化。这种时代性表现在两方面：一是同样的意思，用来表达的体态变了。如抱拳礼的演变。二是有些同样的体态在不同的时代表示的意义不同。

在语言、文字发明之前，传递思想感情，靠的是人的心理和生理活动，而身体动作无疑是最好的形式，人类通过自身的姿势体态来表达意识的感受。武术是以人体为载体的动态文化符号，它具有语言文字与非语言文字的两种文化特征。非语言文字文化特征是它的主要方面，但进行文化研究与艺术实践时又必须借助文字、文献资料和现代化手段。在展示身体形象时，它既包含有可见的"形象"与多种文化形式，又包含有无形的有待辨识的"意象"。动态形象具有符号的性能，以动态形象进行文化传承是武术象形的根本特征。

（二）武术象形符号化的表现

1.武术象形：一种用身体表达的文化符号

符号与人类的文化活动有着深刻的关系，符号是文化得以传承的媒介，文化促进符号意义的加深。我们看到，在武术馆校和武术团体甚至武术比赛服装上，往往把阴阳鱼和八卦图案作为徽标和标志之一。习武之人穿着印有太极图、八卦图以及龙的图案的团背心，脚穿"功夫鞋"，在家中和武术训练场上摆放着刀枪剑戟。透过这些现象使人产生一种深奥、神秘的感觉，也折射了武术符号的丰富文化内涵。

武术象形的身体动作，是用身体表达的动态文化符号，是一种承载思维的符号，是一种艺术符号。卡西尔曾说：

符号化的思维和符号化的行为是人类生活中最富于代表性的特征，并且人类文化的发展全部都依赖于这些条件，这一点是无可争辩的。[1]

符号论者认为：思维归根结底是一种符号运动，一种在头脑中进行的符号活动。一切符号活动都是思维活动。

一位学者说过："西方人有把艺术技术化、东方人有把技术艺术化的趋势。"

现代形式主义美学和符号美学的代表人物克莱夫·贝尔对艺术的定义是：艺术是"有意味的形式"。

刘勰之"感物吟志""情以物迁"应该说是观物取象的结果。通过对自然、社会各类现象细致的观察、丰富的感受、深切的体会、透彻的认识来融意入象，对自然、社会的、人生的规律进行把握与理解。

象形武术通过身体的形表达演练者的意，即以形为始，以意为终，以形显艺，以意寓形。用肢体来表达动物的生活习性、大自然的变化和人的生活实践。借身体动态符号来传承博大精深的文化，映射出传统文化的象征精神。象形武术就是模仿"外象"的形，取其"意义"，结合攻防规律而形成的身体动态符号。

2.武术象形：一种用身体思维的文化符号

原始人的符号是多种多样的，他们的符号性活动也是多种多样的，他们可以创造出多种多样的静态和动态符号。动作和手势就是他们创造的动

---

〔1〕[德]恩斯特·卡西尔著，甘阳译：《人论》，第35页。

态符号，文字恰恰就是他们创造的静态符号，二者都是先人智慧的结果。当这种动作符号（符号性活动中的手势动作）不仅从生产实践中分离出来，而且从一切具体活动中分离出来，专门变成思维活动的手段，在社会交往中形成模式，就形成我们的象形动作，而一旦用于攻防，就演变为武术动作。站在思维发生的角度出发，动物和儿童模仿母亲的各种动作和先人的思维发展阶段相对应。

人们既用某种符号进行思维．总是尽量使用这种符号去交流思想。反过来也是一样。头脑中的思维符号，是从头脑之外思想交流的符号来的，头脑之外思想交流的符号则是从现实的社会交往中来的，是从现实交往的手段来的．随着现实交往手段的变化，思维符号也发生相应的变化。

在研究动物的交往活动中，人们常提到鸟类的"鸟语"、兽类的"兽语"和蚂蚁所谓的"香味语言"，蜜蜂所谓的"舞蹈语言"，这些动物的符号，都负载着信息，但是，他们只表达感情而不能指示或描述任何对象。

意大利学者维柯在其《新科学》一书中说：

人类思想的秩序是先观察事物的类似来表达自己，后来才用这类似来进行证明，而证明，又首先要援引事例，只要有一个类似点就行……

维柯的话恰好说明人们运用思维的过程：能近取譬。在古代，先民就是通过取象而后立意来解释世界的变化的。任何一种文化现象，自必与特定的文化心理、思想观念以及价值取向有其内在的联系。中国武学博大精深，蜚声海内外，透过浩如烟海的套路功法，人们能够依稀感受到武术深处的生命律动。尽管从风格上看，各拳派之间可谓千差万别，但在数以百计的拳派之间，又可隐约地发现它们共同的东西，它们在拳理上的确存在颇多相通之处，特别是在创拳的思维方法——象形思维上。透过象形思维可折射出武术的价值观。

在古代我们先民就养成种种意象思维的方法，而象形武术通过对"象"的立象、取意、超越等方法，合理、巧妙地融于攻防格斗之中，形成丰闳博深的象形武术。体现了传统的思维方式：强调直觉体认，突出意会，善用意象。

"模仿的冲动是人类的一种普遍性特征"[1]，模仿、模拟取其万物适应自然的特征来为自身服务一直是人类的本能。中国的象形武术，正是传统文化的结晶，又是古人的超前的创造。拟动物之形，取动物之意，以意

---

[1]于平：《舞蹈的文化与审美》，北京：中国人民大学出版社，2005年，第9页

真传神，成为各类象形拳的结晶体，携带着传统的思维方式，体现的是精神文化。

象形拳是中国崇尚直觉，重视体会、体认、省察，重视认识主体的直接深入客体，与客体融合为一，泯灭主客体界限以悟解宇宙万物的实象，崇尚整体——"天人合一"，习惯于将人和自然、人和物、主体和客体、心理的东西和物理的东西都看作是一个不可分割的整体，偏重经验观察和自我体认的结果。象形武术和汉字一样是记载和传播民族文化的符号。

象形武术是一种审美符号。各民族在生存的道路上，在创造性实践活动中不断交流、融会，促进了自身的发展。通过身体动态符号的展示，凸显中国传统文化的心理倾向与审美情趣。

人类是"从事构造化活动的动物"，给自己所处的外界赋予某种意义和价值，并把自己所居住的世界秩序化。这就是把自然改造成文化的活动。在这个过程中，人类使用各种各样的符号，使原来的文化秩序得以维持，有效地处理和把握新事物的意义和价值，创造和超越现实的虚拟的世界。

人类凭借想象力而虚构，依靠抽象力而上升，愈益超越存在的有限界限，取得一种更高的存在。[1] 为了生存，人类必须拟制出一套卓有成效的符号系统，同时也必须依靠逻辑思维的能力获得长足发展。正如维柯所道：

最初的民族在哑口无言的时代所用的语言必然是从用符号开始，用姿势或实物，与所要表达的意思有某种关系。[2] 可以说，创造符号是先民思维的结果。

有学者指出，思维是认知性符号。感谢的声音是语言的雏形，姿势是身体动作的符号。文字与身体动作同是符号，只是表达方式的不同罢了。

中国古代先民通过想象、联想、比拟沟通感性符号或概念和对象世界的联系。形象性的符号更强调对客体对象的直接模拟、复制。它作为"象物之状"与对象事物在"形象"方面表现为直接性的统一，所谓"象者，像也"[3]。至于立象尽意、得意忘象、得意忘言等，更是传统哲学在思维上的超越，主动超越和摆脱作为思维的材料的形象符号和概念的限制，发挥思维的想象、联想的作用，以自觉的方式把握形象符号后的象征意义。

---

〔1〕参见王锺陵：《中国前期文化——心理研究》，第 52 页。

〔2〕[意] 维柯著，朱光潜译：《新科学》，第 177 页。

〔3〕《周易·系辞上》

　　纵观中国文字的发展历程，始终保留着原始母胎的痕迹，虽经程式化、形式化的发展，这种象形的痕迹多少模糊了些，但仍然清晰可见。同样，在武术文化的发展上，象形依然纠缠着传统武术的发展，使其具有传统、民族的特质。以象形为特征的传统武术符号系统，在以后的发展道路上，依然焕发出生机。，当人们保持沉默的时候，他们的思想和情感并没有沉睡，许多情况下，反而迸发得更多，流动得更快。这些思想情感的流露是由人的身体符号外泄而出的，人的每一个表情、姿势、动作都是一种符号，都代表着一定意义。当这一无声的符号世界被艺术夸张或变形以后，武术的符号世界便五彩斑斓地跳动起来，所以福金说："舞蹈是手势的发展，是它的理想化。"舞蹈和武术同为身体语言。只是功能不一样，所以，武术同样是文化符号。传统的思维通过武术象形动作这一载体，融入到攻防理念中，褴一代又一代的中国人中传承和延续着。同样，透过武术象形动作的众多形态，也可以透视我们民族的文化与思维。

　　3.武术象形：一种用身体演绎攻防的艺术符号

　　苏珊·朗格认为，艺术是一种表现人类情感的符号，它并不是直接表达艺术家个人的情感，而是表现他领会的某些人类情感的本质，或者说，是经由符号"抽象"了的人类情感，因此，它表达的是一种对情感的认识。但是，说艺术是一种符号，并不意味着把它等同于普通的语言。这二者还有着重大的区别。按照朗格的观点，艺术乃是一种"肖像"性符号。中国传统思维中的"象形因子"，在陶器、用具（工具）、文学、艺术等领域表现得淋漓尽致。在世界各民族的格斗术中，中国武术具有的文化性（套路、象形、思维方法、起势、收势等）是显而易见且引人注目的，它与其他武技的重要分野就是：象形思维的文化特性。它像中国文化的基因——汉字一样保留了原始的象形因子，使我们可以通过武术象形文化中蕴含的"象形文化"管窥古人的思维观念和审美心理。所以说，传统体育的模仿是原始的象形思维的最初身体符号语言，为后来的诸多武术象形套路的产生提供了自由驰骋的空间，显示传统武术在对"攻防"的辩证关系上注重对"外象"的特质进行模仿和模拟的心理和思维，符合古人在思维格斗技击方法时，注重对物象与物象之间的直接联系和认同。也就是说，在这个过程中，只出现物象，不出现物象背后的所指，以物象与物象之间的转换和流动为外在特征。每一个象形动作背后所指和象征的文化意义比外形的象形更为重要，即武术象形文化在于象形取意，形中寄意，意又托形。这种在思维上讲求"象"的基础上演绎出意和理是武术象形的内在特征。刘歆、班固列举的"象形、象事、象意、象声"，四者都采用"象"法，概括出汉字最原初、最根本的造字方法是以"象"指称对象的某一方面，就是模拟指称对象的鲜明特征。有形象的事物则模拟它的形态特征，动态的事件、状态则模拟它的状态特征，抽象意义的则用模拟它的对象形态、状态特征的初文结合起来表达含义。使用以上方法仍不能表达的就使用模拟口语中相同的声音形象的初文来表达。这种以"象"为本的造字法决定了中国人的思维方式，造成了独特的中华传统文化。武术从一开始就孕育在传统文化的长河中，"象形"的方法也被武术文化汲取，成为武术象形文化的思维方法。

武术的观物取象、以形达意的表达方式，正是中华民族审美思维的核心观念，它构成了民族文化的心理机制。武术象形透露着古人模仿的痕迹，它的直观性成了汉民族直觉思维的基质，它的形象性成了民族诗意精神的来源，它的象征性成了汉民族隐喻表达的基础，它的符号性成了汉民族象征性文化形式。在形意拳拳谱中有描述肘部使用的歌诀："肘打去意占胸膛，出势好似虎扑羊。"透过武术的象形身体动作，完全可以洞悉中华民族的思维和文化心理。

象形武术的攻防素材取源于人类对自然哲理的理解，经由身体动作符号把人类对自然的感情表现出来，成为一种艺术化的攻防符号。武术象形符号承载着中国人的思维、价值观、文化、礼俗等，烙印着中华民族的标签，成为表达中华民族文化的特殊身体符号。

4.武术象形：中华民族文化特殊符号

语言符号具有系统性，并受系统的制约。语言符号的特殊性在于"语言是思想观念的直接表现"（马克思），语言符号是思想观念的"天然的、第一性的物质载体"，而且可以成为任何物质现象、社会关系和精神观念的信息载体，而其他符号系统上作用的范围是有限的，如音符、数学符号、逻辑符号等。武术属于非语言文字文化，它们具有和语言一样的符号性、系统性、任意性的特征。武术符号的物质性，是演练者综合衣服、器械、声音、节奏等所体现的动态形象，同时包括演练者的眼神、气质等作为信息载体，被人感官接受与理解。因此，武术象形动作所传递的符号信息，并非一般的或个人所赋予的独特含义，它是本民族历史发展过程逐渐形成的为演练者与他人所辨析的符号信息。

武术象形的动作形象成为武术最根本的文化特征，动作形象是传承民族文化信息的特殊符号，博大精深的武术在几千年的历史发展过程中，依靠身体符号，融合历史、民族、自然、审美、社会等文化信息，在中华民族中默默地传承着，具有明显的中国身份标志。

受中国文字影响，武术的攻防以及解释武术、传承武术的文字也带有了象形的特征，这也是中国武术区别于其他国家的民族特色。

二、武术象形的诗性化

（一）中国哲学的形象化表述特点

形象化表述方式保留着原始思维的痕迹，但不是原始思维。它是对原始思维的一种综合与升华。中国哲学之所以不离弃形象，是因为"象"保留着事物的整体原貌，未经过理性逻辑的过多的割裂与肢解，同时也因为"象"有直观化通俗化的特点，更有助于哲学思想见解的广泛传播。而中国典籍文化的源头作品《诗经》和《易经》，它们都是以形象性、具象性为主要特征。因此孔子认为《诗》的标准就是借诗言理（礼）。《易》之取象、用象、举象，绝不是就事论事的说明象本身，而是用来阐发深层意趣。《易经》的这种表达方法具有诗的魂魄。受《易经》思想的影响，象形武术的表达方法也具有诗的智慧，如动作名称中的乌龙摆尾、流星赶月、野马跳涧等，拳谱中的"拿鹰捉兔硬开弓""七星拳手脚相顾""叶里藏花往前闯，二郎担山赶太阳""卷虎登山高出望，阴阳变化力无穷"等，拳谚中"远拳近肘贴身靠，不合度数全无效""缓如行云攻不破，迅如惊雷防不及""立木能够顶千斤，身正不怕人压顶"等。这些诗一般的武术语言诠释着传统的中国文化。

（二）武术语言的诗性化

中国是诗的国度，由《诗经》《楚辞》到乐府、唐诗、宋词、元曲，汇成一部中国的诗，一部诗国的历史，由此可看出中国人的诗性智慧。《诗经》本是诗歌汇编，属文艺作品，但在两千多年中（尤其在朱熹以前），几乎没有人把它当成文学作品来读。人们极力从中领悟人生及社会的道理，学习表述思想见解的方式（孔子言："不学诗，无以言"），使"诗"的赋比兴的思维方式与表述方式实实在在融入哲学的血液之中这种以《诗》说理的传统，从孔子开始得到强化。孔子经常借诗言理（礼），这从根本上促成了把诗"义理化"、把义理形象化的学风和文风。经孔门弟子的代代传承和发扬，至孟子、荀子时，这种理论传统已根深蒂固，不可易移。在《孟子》和《荀子》二书乃至在《礼记》《孝经》等经典中，引《诗》立论的例子不胜枚举。《孝经》的每一章都以《诗》云作结，基本上都脱离了原意，而纯粹成为一种形象化的义理表述方式。《诗经》本身就具有强烈的人文精神，它揭露社会矛盾，抒发人的喜怒哀乐，表现对弱者的同情、对美德的崇敬，对真善美的向往和追求，《诗经》因此成为中国思想史上的奠基作品之一。而后把《诗》的艺术手法全面引入了义理表达的领域，这难免使中国哲学打上深深的艺术烙印，具备了文学的气质。

印度诗人泰戈尔说：自然之"美"是人和自然，有限和无限的统一感的表现。这使得审美活动中以生机盎然的动物、植物的形态为美德特点，形成"诗性思维"。采用"以己度物"的方式去感知外物，以类比的方式去区别把握外物，以象征、比喻、意会的方式去表现自己的情感或思想。我国商周青铜器上塑造动物形象的通用方法映射出当时人们的审美。意识以及中国人用比喻、拟人等修辞方法表现情思、情感，寄托精神的审美态度。. 武术象形文化作为传统文化的一个组成部分，它必然具备中国传统文化的审美意识。中国人传统的审美习惯一般是把主体内在的情感表现放在中心位置，非常注重内在情感的表现。中国武术非常富有哲理，对每一个练习者都有强大的吸引力，从而使得每一个练习者孜孜不倦地去探求它那博大精深的奥妙，坚持不懈地磨炼着自己的意志，从而也培养了人对信念执着追求的精神。武术习练者一方面追求高尚的武德；另一方面追求超群的"功夫"，并把"功夫"作为一种修养。"功夫"一方面指做一件事情所花费的精力和时间；另一方面指在某一事业上的造诣和本领。武术功夫的修炼就是一方面追求技术上的精益求精，另一方面在进行意志品质的自我磨炼。

武术象形文化意境追求"形神兼备"。武术强调形神合一，内外兼修；内养性情，固气壮胆；外练筋骨，手足矫健。《易筋经》上说："精气神乃无形之物也，筋骨乃有形之身也，"故"练有形者为无形之佐，培无形者为有形之辅"。所以，通过筋、骨、肉等"有形之身"的锻炼来达到培精、调气、正神的"内外兼修"，是武术文化的宗旨。

人类的文明史，就是这样开始的——在围猎野牛和野象的血腥过程之中，在圈养野羊和野狗的漫长过程之中，在驯服野驴和野骆驼的艰难过程之中，在教会老虎钻圈和狮子直立的坎坷过程之中，同时也在人类模仿野牛格斗而产生"角抵戏"的亢奋过程之中，在模拟狮子跳跃而产生"狮子舞"的欢快过程之中，在效法黄鹂鸣叫而产生"口技"的轻松过程之中，在学习蝴蝶飞舞而产生"化蝶"的优美过程之中。在原野、在森林、在山谷中，人类接受着大自然给予他们的如此生动的艺术洗礼。模仿自然、师法自然，这是艺术的滥觞，文明的嚆矢。这种象形的思维方法表现在武术的各个方面，顽强地影响着民族的性格和审美心理。

武术象形思想受传统中国的哲学、文学的影响，在思维方法上重感性而轻理性，没有陷入感性肉体的沉醉，而是很大程度上被艺术化了。虽然没有奥林匹克式的体育传统，但却留下了丰富的武术象形思想。

第三节　象形武术的传承与创新

一、象形武术文化遭遇的冷遇

民族传统体育是人类祖先在漫长的历史中创造和积淀下来的传统文化，在民族文化与体育文化的物质层面、行为制度和精神层面上，民族传统体育充分体现了各民族共有的文化价值观念和审美理想，是与各民族的社会特征、经济生活、宗教仪式、风俗习惯、历史文化息息相关的传统文化现象，是一种"活态人类遗产"。它体现了民族强大的生命力和创造力，是人类发展过程进步与文明的体现。由于武术拥有着悠久的历史，深厚的文化底蕴，受到了政府和普通民众的极大重视。但是随着时间的推移，人们对于武术的理解和态度都发生了很大转变，使得传统武术在当今社会处于在曲折中发展的境地。当今社会环境下民族传统武术存在的主要问题包括：

（一）文化内涵逐渐流失

武术是一种很好的健身运动，但是它的意义与价值绝不仅仅是健身，它蕴含着深厚的文化内涵。然而在其传承的过程中，人们却将庄重的武术艺术演变成了花拳绣腿，片面追求它的竞技性，忽略了其武德礼仪和文化内涵。

（二）习武人数锐减

与古代社会相比，目前我国的习武人数仅占极小的部分，而习武之人又有很大一部分存在成名、得利等功利思想，真正学习传统武术，领悟武魂，传承武学的人更是屈指可数。

（三）传统武术流派减少

传统武术可以说是勤劳智慧的古人留给现代人的一笔宝贵的文化遗产，对其的传承与发展是现代人义不容辞的责任。但是由于很多因素的影响和制约，造成了传统武术中很多优秀流派的失传，这是我国传统武术的一个巨大损失。

二、象形武术的发展创新

（一）"天人合一"，引发无限的创造力

中国古典哲学的根本观念就是"天人合一"。这里所谓的"天"并不是指神灵主宰，而是"自然"的代表。老子说："人法地，地法天，天法道，道法自然。"即表明人与自然的一致与相通。先秦儒家也主张"天人合一"，《礼记·中庸》中说："诚者天之道也，诚之者，人之道也。"认为人只要发扬"诚"的德性，即可与天一致。汉代儒家董仲舒则明确提出："天人之际，合而为一"，这也成为两千年来儒家思想的一个重要观点。

追求"天人合一"的思想是武学的最高境界。象形取意、拟物利用是中华民族传统的思维方式，体现了中国传统思想的"天人合一"精神。这种"天人合一"的思想体现到武术中，尤其是象形武术中，表现为习武者追求人与自然的统一。因此在练习武术的过程中，人们总是在追求人体与自然界各种物体的和谐相通，使人顺乎自然，服从大自然的变化规律，以此来求得物我、内外的平衡，达到阴阳平和。"远取诸物，近取诸身"，人们通过观察发现自然界中一切灵妙之物，引发了源源不断的创造力，并能进一步模仿、领悟，从中产生技巧和智慧。

（二）"包容和谐"，方使武术源远流长

"包容和谐"是我们中华文化的精髓，也是我国儒家思想的精华，我国古代的儒学家们指出，天地万物千差万别，却都各自获得和合而生生不息，从这个意义上说，万物的运动变化都是和合的必然。

正是由于传统文化母体中蕴含着"和谐"的潜质，习武者也就自然地把与外界的自然合拍、物我一体作为精神追求的最高指向和修养心性的人生课业去认真对待。在此，习武者随着练习时El的推延和功力的增加，就不会再以逞强斗狠、征服他人作为其习武最终目的，而是通过不断的习武认真体悟武学的奥秘和人生的真谛，自觉地解决人伦与人格、个体与整体之间的矛盾。

象形拟物的精神使得武术与自然、武术与人、武术与社会之间最大限度地包容和谐起来，使得武术不仅具有强身健体、文化传承的功效，而且还有促进民族团结和促进各民族交流的作用。正确认识象形拟物在武术中的意义，不仅有利于广泛开展大众健身活动，而且有利于中华民族文化的丰富和发展，有利于社会主义和谐社会建设。象形武术中所包含的和谐思想，对中国、对世界、对奥林匹克运动都具有重要的现实意义。

（三）"生态为师"，回归自然本真

象形拟物以"生态为师"，在中华武术中通过对动物的本能动作和各种自然现象进行模仿，是使人体回归自然协调的本能状态的最为直接的途径。

武术界这些象形类的拳种及意象性的动作，通过模仿动物、象形取意的练习方法，其主要目的是通过长期不断练习使人体的肢体回归自然协调的状态。其实任何一门武术要解决的首要问题都是如何使肢体整体协调，从而能够发出"周身一家"的自然协调的完整劲力。武术首先是使人体形成高度协调的统一整体的人体科学，这是基础，其次才是技击防卫之学。

象形武术中的八式即"猫窜、狗闪、兔滚、鹰翻、鸡伸、龟缩、鼠钻、蛇缠"正是通过模仿动物的本能来开创的。螳螂拳、鹰爪拳、鹤拳、蛇拳、虎拳、豹拳、狗拳、鸭拳等各类象形拳，都是由学习各类动物的本能，通过象形取意而形成的。除了象形武术，其他武术门类也借鉴象形拟物的精神，使得武术形式更加丰富多样，人体更加协调。如八卦掌运动起来要求行如游龙、动转若猴、虎坐鹰翻、狮子滚球，走圈时"周身拧成一根绳"。长拳讲究"拳如流星眼似电，身似蛇行步赛粘"，其中十二形要求"动如涛，静如岳，起如猿，落如鹊，站如松，立如鸡，转如轮，折如弓，快如风，缓如鹰，轻如叶，重如铁"。劈挂拳要求以腰为轴，全身螺旋拧裹。太极拳要求"静如山岳，动若江河""如长江大海滔滔不绝""形如搏兔之鹄，神似扑鼠之猫""蓄劲如开弓，发劲如放箭""运动如抽丝，迈步如猫行"……在中华武术中，很多拳种都通过模仿自然界万事万物，都是借鉴了象形拟物的精神，以使人体恢复自然而然、完整如一的状态，推动中国武术不断前进。

第五章　技术文化下的体育武术研究与训练

第一节　体育武术的动作研究与训练

武术的套路运动（散打、击剑等搏斗运动除外），它的组成一般是取材于各种技击特点和技击规律。由于这些技击特点和技击规律与人体动态变化的融合，在运动中便展示出许多静止的和活动的平衡、跳跃、跌扑、滚翻、折叠、旋转、奔走等技巧。这些技巧在武术运动中起着基本的起伏转折、窜蹦跳跃的灵巧作用和活泼作用，同时也是武术静美与动美的基本要素。在基本功的训练过程中，获得了身体的伸展、柔韧、灵活、力量等基本素质之后，必然要跨进动作训练的阶段，在这个阶段去学会掌握武术的各种运动技巧，为熟悉武术的徒手和器械等各种套路运动创造条件。而这里的动作训练主要是指基本动作训练。基本动作训练包括平衡、跳跃、跌扑滚翻、折叠旋转、步法五个部分。通过这些训练能够发展动作的协调性、灵敏性和速度以及肌肉的弹性，能够培养在运动中保持身体平衡的能力以及在运动中阻止和运用惯性力量的能力。

一、平衡动作训练

（一）提膝直立平衡

1.跳步提膝直立平衡

【动作】①并步站立，两手叉腰；右腿屈膝在身前提起，右脚贴近左大腿，脚面绷直；左脚不动，左腿伸直；②站立一会儿后，左脚蹬地跳起，换右脚在左脚原处落地站立，左腿即屈膝在身前提起，如此轮换进行练习，如图5-1所示。

【说明】①跳起时，要跳得高落得轻，落地的脚必须用前脚掌先着地，不要用脚跟着地。②跳步提膝直立平衡是跳跃的平衡动作，不是平衡的跳跃动作，因此在跳起落地之后，站立的时间要长一些，一般要求保持1～2分钟（后面的许多平衡动作练习也是如此），不要一跳一跳地总是换脚。③站立必须稳固，身体保持正直，提膝要高。

图5-1[1]

2.弓步变提膝直立平衡

【动作】①并步站立，两手叉腰；左脚上前一步，左腿屈膝半蹲，右腿在后伸直，成左弓箭步；上身微前倾；眼看前方；②上身一直起，重心后移，左脚蹬地使左腿屈膝在身前提起，变成提膝直立平衡；右脚不动（图5-2）；③做数次之后换右脚练习。

图5-2

【说明】①弓箭步变直立平衡时，要求提膝要快站立要稳，不能摇晃和移动；蹬地提膝时，用力要恰当。②弓箭步和提膝平衡的要求均同前。③练习5～10次之后换另一腿练习，每次静止时间为1～2分钟。

（二）盘腿半蹲平衡

1.跳步盘腿半蹲平衡

【动作】①并步站立，两手叉腰；右腿伸直站立，左腿屈膝在身前提起，成左提膝直立平衡姿势；②右脚蹬地跳起换左脚落地，左腿即屈膝半蹲；右腿随之屈膝使踝部外侧横盘在左膝上，右脚脚面绷平（图5-3）；③站立一会儿后，左腿伸直立起变成右腿屈膝于身前的右提膝直立平衡；④左脚蹬地跳起换右脚落地，右腿屈膝半蹲；左腿随之盘腿。如此轮换练习。

图5-3

【说明】①半蹲腿的小腿不是与地面垂直的，而是由膝部前面的一点与脚尖成垂直线；大小腿之间为90。直角。②盘腿时，上身可以略向前倾，但须挺胸直背塌腰。③这里的提膝直立，不要求持久站立，在提膝后要立即跳步换脚做盘腿。

2.弓步变盘腿半蹲平衡

【动作】①同"弓步变提膝直立平衡"左弓箭步；②左脚蹬地，重心后移，右腿屈膝半蹲，左腿屈膝横盘在右膝上，成为左盘腿半蹲平衡；③站立一会儿后，左脚向前落步，仍为左弓箭步；接着再蹬地做第2次盘腿半蹲平衡。数次之后，换右腿做。

【说明】在前脚蹬地、身体重心后移时，后面的脚不可移动，要像"生根一般"稳固。

（三）扣腿全蹲平衡

1.跳步扣腿全蹲平衡

【动作】①并步站立，两手叉腰；右腿伸直站立，左腿屈膝在身前提起，成左提膝直立平衡姿势；②右脚蹬地跳起，左脚向正前方跨跃一步；在左脚落地时，右腿即屈膝用踝关节前部勾扣在左腿膝后，左腿同时屈膝下蹲（图5-4）；③站立一会儿后，上身立起，右脚向后跃步，右腿伸直站立，左腿即屈膝在身前提起回至第1动。如此，前跃成扣腿平衡，后跃成提膝平衡。"前跃蹲，后跃立"，做10次左右后，换另一腿练习。

【说明】扣腿全蹲平衡是比较难以掌握重心的，加上有向前跨跃的动作，就更加困难了。因此在初练时，可以先练习原地的扣腿全蹲平衡，不必加前后跳跃，到能够在原地掌握重心维持平衡之后再练习加跳跃的动作。

图5-4

2.弓步变扣腿全蹲平衡

【动作】①两手叉腰，成左弓箭步；②身体重心后移，左脚蹬地提起从左侧绕到身后扣于右腿膝后，右脚不动，右腿即屈膝下蹲，成扣腿全蹲平衡；③站立一会儿后，左脚向前落步，右腿在后伸直，再成左弓箭步，做第2次。做了10次左右之后，换另一腿练习。

【说明】弓箭步变扣腿全蹲平衡是惯性力量向后的动作，要在运动中阻止这种力量而保持身体的平衡，比前跃的扣腿平衡更难些，因此初练时可以慢一些，但到后来就必须达到快而稳的要求。

（四）前后卧云平衡

【动作】①并步站立；右手握拳，右臂屈肘举于右耳侧，拳眼朝下，拳心朝前；左手握拳，左臂屈肘环抱于胸前，拳心朝下；左腿直立不动，右腿屈膝在身前提起，右脚脚面绷直；②左腿慢慢地屈膝全蹲，右腿同时向左斜前方慢慢伸出，右脚脚尖翘起，上身略微向右倾斜（图5-5）；③静止一会儿后，回至第1动；④左腿再慢慢地屈膝全蹲，右腿同时绕向身后向左斜前方慢慢伸出，右脚脚尖翘起；上身略微向右倾斜（图5-6）。做数次之后换另一腿练习。

图5-5

图5-6

【说明】①卧云也叫作"卧鱼"，在武术中卧云的动作很多，但有些不是平衡动作，像"坐盘卧云"是卧在地上的折叠动作，就不具有平衡的性质，所以在这里也就不作介绍了。②后卧云要比前卧云的动作难做些，初练时不妨以同侧的手稍微在地上加以支撑，帮助维持重心的平衡。③全蹲后要停留1~2分钟，不要一蹲下就起来。

（五）仰身、探海平衡

【动作】①并步站立，两手叉腰；左腿伸直，右腿屈膝在身前提起；②上身向后仰倒，右腿向前平举，右脚脚面绷直；两手握拳（或作掌）向两侧平举，拳心朝上；眼向上看（图5-7）；③回至第1动；④上身前俯，右腿向后上方举起，右脚脚面绷直；两手握拳（或作掌）向两侧平举，拳心朝下；眼看前方（图5-8）。如此仰俯轮换做，数次之后换左腿练习。

图5-7　　　　　图5-8

【说明】①这是两种平衡动作结合一起的练习，它要求上身的俯仰、腿的前后举都必须以很快的速度来完成，不能缓慢，但初练阶段不妨慢慢地做。②前俯和后仰，每种动作都要静止1~2分钟。

（六）侧身平衡

【动作】①并步站立，右手握拳随右臂屈肘举于右耳侧，拳眼朝下，拳心朝前；左手握拳，左臂屈肘抱于左腰侧，拳心朝上；右腿直立不动，左腿屈膝在身前提起，左脚脚面绷直；②上身向右侧平倒，左腿伸向左侧平举，身体成水平；③上身与左腿同时向上翘起，略停片刻再放平，如此一翘一放地练习着，数次之后换右腿练习（图5-9）。

图5-9

【说明】这个动作必须收腹敛臀、挺膝绷脚，支撑腿的脚尖要外展45

度。

平衡动作训练的目的，主要是锻炼前庭器官和运动器官的机能。以上六个平衡动作包括了腿的直立、半蹲、全蹲三种支撑方法，身体的直、斜、横三种不同的轴，仰、俯、侧三种不同的面，从不同的支撑、轴、面来训练平衡感官的性能，这说明武术传统的训练方法是具有一定的科学性和系统性的。

二、跳跃运动训练

（一）腾空飞脚

【动作】①并步站立，右脚向前一步；左脚在后，脚跟离地掀起；左臂向前、向上摆起，右臂斜举于身后；眼看前方（图5-10）；②左腿从后向前、向上摆起，右脚蹬地向上跳起，身体腾空；右臂同时从后向下、向前、向上摆起，在额前上方用右手背碰击左手心（图5-11）；③在空中，右脚脚面绷直向前踢出，右手击拍右脚面；左手五指撮拢成钩手直臂举向左侧，钩尖朝下（图5-12）；④左脚先落地，右脚随之在身前落地，回至第1动，接着再做第2次。数次之后换左脚练习。

图5-10　　　　　　　图5-11　　　　　　　图5-12

【说明】①腾空飞脚，不论蹬地或落地，都必须用前脚掌来做。②击拍脚面的动作，必须在空中完成，不能在落地时去击拍，"腾空飞身起，霹雳响九天"，它要求既要跳得高又要击得响。③摆腿、蹬地、摆臂要连贯起来做，中间不可分割。

（二）腾空双飞脚

【动作】①并步站立，两腿屈膝略蹲；两手握拳随两臂屈肘上举；眼看前方；②两脚同时蹬地向上跳起，身体腾空；③在空中，两脚同时向前踢出，脚面绷直；两手击拍两脚脚面（图5-13）；④两脚落地回至第1动，接着再做第2次。

图5-13

【说明】腾空双飞脚，两脚的踢出一定要在腾空之后才挺直膝部使脚前踢，不可以在起跳时就将腿伸直；两腿踢直后要与地面成水平状态，两脚可以并拢，也可以分开，但不能超过两肩宽度；击拍要准确、响亮。

（三）蹦步连环脚

【动作】①同腾空双飞脚；②两腿屈膝全蹲，两脚跟离地掀起，仅以前脚掌着地；③左脚向前踢出，脚面绷直；左手击拍左脚面；④左腿屈膝，左脚回至原地，右脚在左脚尚未落地之前即蹬地蹦离地面向前踢出，脚面绷直；右手击拍右脚面（图5-14）；⑤右腿屈膝，右脚回至原地，再换左脚前踢，如此连续轮换练习。

图5-14

【说明】蹦步连环脚的要求是，既要蹲得矮，又要蹦得快，踢腿要直，击响连贯；其击拍动作，是在落步的同时进行的，不要求在空中完成。

（四）腾空摆莲

【动作】①并步站立，两手握拳随两臂屈肘上举，右脚向前一步，左脚在后，脚跟离地；眼看前方（图5-15）；②左腿向前、向上摆动，右脚同时蹬地跳起，身体腾空（图5-16）；③在空中，两拳松开，右脚向前踢出，上身右转（图5-17）；④右脚向右侧做外摆动作，用手先左后右地击拍右脚面（图5-18）。落地后再做第2次。

图5-15   图5-16   图5-17   图5-18

【说明】①腾空摆莲是腾跃与摆腿相结合的动作，其难点在于向右转身，经验告诉我们：在蹬地跳起后，当右腿还没有完全向前踢出时就应做转身动作，如果右腿已经完全踢出了再转身，外摆动作就比较困难了。②外摆腿要伸直，击拍要准确，不能有一手拍空，击响要在落地之前于空中完成。③腾空摆莲在拳术中出现的多是右摆莲，但在基本动作的训练过程中却不可只练习一面，应该左右都要练习。

（五）旋风脚

图5-19   图5-20   图5-21   图5-22

【动作】①开步站立，两腿屈膝半蹲成马裆步；右手握拳向右侧平举，拳心朝下；左臂屈肘，左手放在右肩前面，手指朝上；眼看右拳（图5-19）；②上身前俯，左手变拳；两拳从右向下、向左、向上绕环抡起，上身趁势拧腰向左上翻（图5-20）；③上动未停，左腿提起随抡臂动作向左、向上摆动，右脚蹬地跳起，身体腾空（图5-21）；④在空中，身体旋转一周，右脚从下向右、向上、向额前摆动里合，左拳放开在额前击拍右脚脚底（图5-22）；⑤两脚落步仍成马裆步；左手握拳向左侧平举，右臂屈肘，右手放在左肩前面；目视左拳；⑥开始向左做左旋风脚。

【说明】旋风脚，是一个跳跃的翻转动作。其动作上身既要翻又要转，仅仅是旋体而没有翻身的动作是不够的。旋风脚的翻身开始在左脚提起右脚蹬地起跳的时候，上身要前俯以构成翻身动作的斜形横轴，右脚跳起之后，上身即绕斜形横轴翻转；旋风脚的旋体则开始在右脚里合的时候，当左脚开始下降而右脚里合时，上身即直起构成旋体的直轴，里合击拍时上身即绕直轴旋转。旋风脚要翻、转360°，翻身动作从前下至后上占180°，旋体动作从后至前占180°。因其击响必须在翻转一周后在额前进行。旋风脚还必须跳得高、击得响，动作协调。初练阶段，可以先练习转身半周的旋风脚，不要做翻身的动作；击响动作也可以在左脚落地的同时做，不一定在空中完成。

（六）腾空箭弹

【动作】①并步站立，右脚向前一步，左脚在后；两臂斜举于身后；目视前方（图5-23）；②两臂从后向下、向前、向上屈肘摆动，-至身前上方时两手交叉上举；左腿同时向前、向上摆动，右脚蹬地跳起，身体腾空（图5-24）；③在空中，右脚向前踢出，脚面绷直；两手同时从上分向两侧平举，屈腕使手指朝上，掌心朝两侧（图5-25）。落地后再做第2次，数次之后换左腿练习。

图5-23　　　　　图5-24　　　　　图5-25

【说明】腾空箭弹，要求纵跳要高、弹踢要有力、脚面要绷直。初练时弹踢的动作可以在左脚落地的时候向前弹出，到练习有进步时再逐渐在空中完成。基本动作训练的跳跃部分，包括了单脚跳起、双脚跳起、空中半转体和全转体等动作。这些动作的运动强度几乎都是很大的，需要跳得高，腾空时间长，能在空中结合其他动作，这就要求肌肉的收缩功能占居首要地位。另外，对确定在空中的方位、保持身体的平衡、阻止转身的惯性力量，也都要求前庭器官提高性能才可做到。

一些老武术家常说："飞脚旋风打不响，拳色减去一大半。"跳跃部分不仅是跳跃问题，同时也是运动艺术的击响问题，击响在武术的运动形式里占有一定的地位，它能使武术的套路运动增加声色。此外击响也锻炼了敏捷、准确等能力。

三、跌扑滚翻动作训练

（一）抢背

【动作】①并步站立，右脚上前一步，右腿略屈膝，左脚在后；右手握拳随右臂屈肘上举，左手握拳随左臂屈肘放在腰前；眼看前下方（图5-26）；②上身向前卷体倾倒，右脚蹬地，左脚向后上摆摆起（图5-27）；③以背的肩胛骨着地，两腿屈膝，团身向前滚翻（图5-28）。

图5-26　　　　　　　　　图5-27　　　　　　　　　图5-28

【说明】抢背在技巧运动中唤作"侧交滚翻"。滚翻时头不着地，而且要有跃起动作。开始练习抢背，可以先练"轱辘毛"：两腿并膝全蹲，两手在身前撑地，蹬脚、屈肘、团身向前滚翻，先以头着地，继以肩背着地。这里面没有跃起动作，它和技巧运动中的"屈膝前滚翻"相同。

（二）倒跟斗

【动作】①并步站立，两腿屈膝全蹲，两手在身前撑地（图5-29）上身卷体向后倒下，以背着地团身向后滚翻（图5-30）；③两手向后撑地，两腿向后伸（图5-31）；④两脚落地，两手推地立起。

【说明】倒跟斗即技巧运动中的"后滚翻"，这个动作在上身卷体向后倒下的时候，要很快地将两腿向后伸出才能成功。它要求臀、腰、背、肩相继依次着地，滚翻要圆。

图5-29　　　　　图5-30　　　　　图5-31

（三）虎跳

【动作】①并步站立，左臂侧平举，左手手心朝下；右臂上举，右手手心朝左；右脚离地分开（图5-32）；②右脚向右侧落地，上身向右屈倒，左腿趁势向上摆起；右脚在此时蹬离地面，两手向地上撑去（图5-33）；③形成开腿的手倒立姿势（图5-34）；④左脚在左手侧面落地，右手同时离开地面（图5-35）；⑤右脚在左脚侧面落地，左手同时离开地面，上身直起。

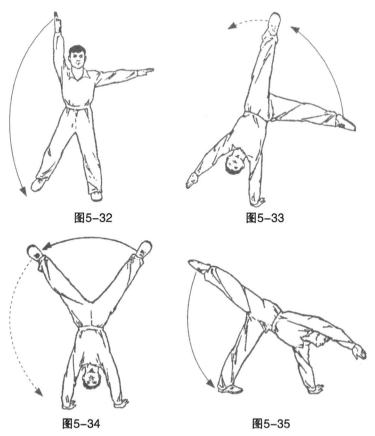

图5-32　　　　　　　　　图5-33

图5-34　　　　　　　　　图5-35

【说明】虎跳在技巧运动中叫作"侧手翻"。这个动作必须连贯迅速，落地要轻；在练习时还要左右两侧都做，双手单手都做。

（四）加冠

【动作】①并步站立，左脚上前一步，右脚在后；两手直臂上举，手心朝前；眼看前下方（图5-36）；②上身前倒，两手撑地；右腿伸直向后、向上摆起，左脚同时蹬离地面（图5-37）；③形成倒立姿势（图5-38）；④屈腰，两脚向前翻下落地，膝部前送使重心前移；两手同时推地（图5-39），上身直立站起。

【说明】加冠就是"前手翻"。这个动作在从倒立姿势翻下时，腰部必须尽量弯曲，头要向上抬起。在练习一个阶段之后，还可以试着在倒立姿势翻下、两脚尚未着地之前，两手即推离地面使身体腾空，而后两脚再着地站起。

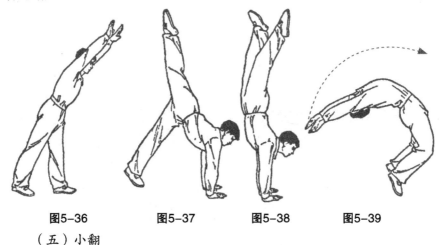

图5-36　　　　　图5-37　　　　　图5-38　　　　　图5-39

（五）小翻

【动作】①并步站立，两臂从身前向上举起，两手手心朝前（图5-40）；②上身向后屈腰倒下，两臂随着向后摆（图5-41）；③两脚蹬离地面，身体腾空（图5-42）；④两手落地形成屈体倒立姿势（图5-43）；⑤两腿向后摆（图5-44），两手推离地面，身体第2次腾空；⑥两脚落地站起。

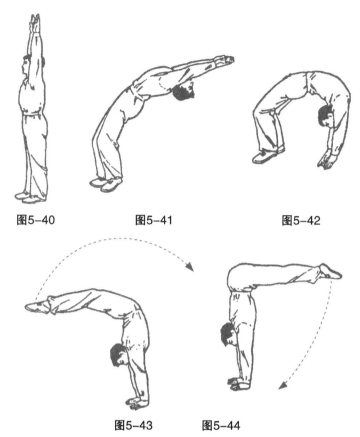

图5-40　　　　　图5-41　　　　　　图5-42

图5-43　　　　图5-44

【说明】小翻即"后手翻"。这个动作要求后翻时必须有甩腰的动作，要使腰部成桥形；摆臂、甩腰要快，蹬地时膝部防止向前跪屈。

（六）鲤鱼打挺

【动作】①仰卧，屈体，以背着地；两腿伸向头部，膝部接近前额；两手分放在两大腿上（图5-45）；②两腿向后、向下蹬，两手同时推腿，挺腹，仰头，脚落地站起（图5-46）。

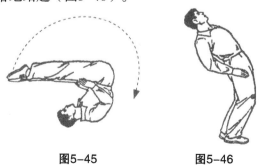

图5-45　　　　　　　图5-46

【说明】鲤鱼打挺就是"蹬足起"。这个动作在蹬腿时，必须立即挺腹仰头，否则很不容易立起。在初练阶段也可以将两臂屈肘.两手伸向肩后撑地，在蹬腿挺腹时用两手推地，这种方式比脱手的容易练习。

（七）扑虎

【动作】①并步站立，两腿屈膝略蹲；两臂在身后反臂斜举，两手手心朝上；目视前下方（图5-47）；②两脚蹬离地面，两臂从后向下、向前摆出，身体腾空（图5-48）；③两手着地，两臂屈肘，随之胸、腹、大腿依次着地（图5-49）。

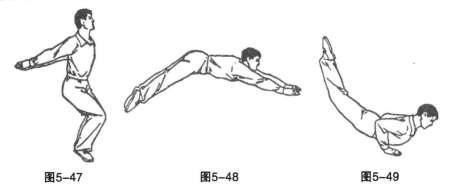

图5-47　　　　　　　图5-48　　　　　　　图5-49

【说明】扑虎的要求是跳跃要高，落地要轻，手、胸、腹、膝相继着地的顺序要清楚。练习时两腿也可略为分开，但不可超过两肩的宽度。

（八）前倾跌

【动作】①并步站立，直体向前倾倒（图5-50）；②在将要倒向地面时，迅速屈肘用两手在身前撑地，形成俯卧撑姿势（图5-51）。

【说明】前倾跌，在一些地躺拳术里经常出现，它们往往在倒地时两手握拳随两臂屈肘举于胸前，两拳相并，以前臂去接触地面。这对初练的人来说是比较危险的，不必照那样练习。

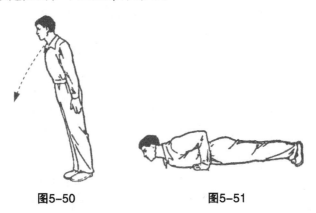

图5-50　　　　　　　图5-51

（九）盘腿跌

【动作】①两脚开立，左腿屈膝，右腿伸直；两臂向左侧平举（图5-52）；②两臂从左向下、向右、向上摆起；左腿也同时向右摆起，右脚则蹬离地面，身体腾空（图5-53）；③在空中，上身向荔倾倒，左腿屈膝盘起，右腿摆向右侧（图5-54）；④以侧卧姿势从空中向地面跌扑（图5-55）。

图5-52　　　　　　　　图5-53

图5-54　　　　　　　　图5-55

【说明】①在起跳时左腿的大收肌、长收肌、短收肌、股薄肌都必须极力收缩，使左腿尽量内收高摆，同时右脚要立即蹬地跳起，两臂尽量向右上方甩摆，这样才能跳得高。②在空中，右腿要迅速加紧对臀大肌、臀中肌、梨状肌的收缩，使右腿在起跳后立即向上外展，上身相应地迅速侧倒，这样又可以增加高度。③跌落时，左腿必须屈膝盘紧，使股外肌、阔筋膜张肌由于紧张收缩而向外凸起，左脚也必须紧向内翻使小腿肌肉紧张收缩而凸起；上身平俯，手掌伸平，使腿、臂、手、身保持平稳，这样由于腿部肌肉的凸出、着力点的平均，下跌时才不会产生伤害。④初练时可以跳得低些，顺势躺下就可以，但必须左右都练习。

（十）绞柱

【动作】①身体向左侧卧在地上，左腿屈膝，右腿伸直，左脚贴近在右腿膝前；上身离地稍起，两臂屈肘，两手在身前扶撑地面；目视右脚（图5-56）；②右脚以脚内侧贴地从右向身前扫转（图5-57）；③上动未停，上身向左躺地，翻身仰卧；右脚离地继续向头部上方扫转，左脚在上身仰卧的同时离地向身体左方扫转；两臂顺势在上身两侧撑地（图5-58）；④上动未停，臀部离地，上身仅以肩背着地使身体倒竖起来；右脚从头前向右、向后绞动，左脚则从左向前、向右绞动，两腿在空中绞转；两手顺势随两臂屈肘举于两肩上（图5-59）；⑤顺两腿绞转之势，上身翻向右侧卧倒，右腿屈膝；左腿伸直，变为与第1动相反的背向姿势。

图5-56　　　　　　　　　图5-57

图5-58　　　　　　　　　图5-59

【说明】绞柱是地躺拳术里常用的动作，有时要连续绞转4~5个。这就需要在上身翻向右卧时不要停留，应使身体翻转成与第一动相同的姿势，接着做第2、第3个。

武术的垫上运动（跌扑滚翻），内容是非常丰富的。这里只选了其中的一小部分，尚有腾空翻等动作都没有选作武术的基本动作训练。跌扑滚翻训练，一方面固然能使练习者掌握武术中的各种滚动、滚翻、跌扑等基本技巧；一方面也锻炼了腰椎关节、踝关节、腕关节的柔软和坚韧，增强在空中确定方位的能力，促使前庭器官和协调机能的发展；同时还能锻炼肌肉的伸缩幅度。

四、折叠旋转动作训练

（一）歇步

【动作】①两脚前后开步站立，左脚在前，右脚在后，两腿伸直；两手叉腰；目视前方；②两腿屈膝下蹲，使臀部坐在右小腿上，左腿叠在右大腿上，左脚尖外展45°，右脚跟离地掀起（图5-60）；③略停片刻，两腿直起，脚掌碾地使上身从右向后转，变成右脚在前、左脚在后（图5-61）；④两腿屈膝下蹲，使臀部坐在左小腿上，右腿叠在左大腿上，变成右歇步（图5-62）。如此左右轮换练习。

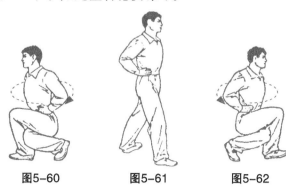

图5-60　　　　　图5-61　　　　　图5-62

【说明】下蹲时两脚之间的距离不要过大，必须使两腿靠近叠拢，臀部与后脚的脚跟贴近；练习时转身、下蹲的动作要快，蹲坐要稳。

（二）坐盘

【动作】①并步站立，左腿屈膝从身后伸向右侧，两臂也伸向右侧，右腿伸直；目视右手（图5-63）；②右脚蹬地跳起，左脚向左侧摆动落地，两臂同时从右向下、向左、向上摆动；此时，右腿屈膝从身后伸向左侧；眼看左手（图5-64）；③右脚在身后左侧落地，两腿交叉屈膝蹲坐，使右腿盘坐在地面上，左腿叠在右腿上，上身向右侧倾斜；左手直臂在左侧斜上举，五指并拢，右臂屈肘，右手举在右肩前，五指并拢；腰左拧，头左转，仰脸，目视左手（图5-65）；④略停片刻，右腿跪地站起，右脚即在身后离地提起，回至第2动（和图5-64相仿）；⑤左脚蹬地跳起，右脚向右侧摆动落地，做左腿在地面上盘坐的坐盘（图5-66）。如此左右轮换练习。

图5-63　　　　　图5-64　　　　　图5-65　　　　图5-66

【说明】坐盘的折叠姿势，本是静止性的，但在基本训练中，把它与跳跃结合起来活动，这就要求动作做得更加准确。坐盘要求身后的腿必须大小腿都着地，尽量屈膝折拢；身前的腿必须使膝部贴胸；上身既要倾斜又要略向前俯，还必须保持挺胸、直背、塌腰。

（三）前扫腿

【动作】①并步站立，左脚上前一步，左腿屈膝下蹲；右腿在后伸直，右脚尖勾紧，踝内翻以脚底内侧部分贴地，脚底外侧部分稍离地面；上身前俯，两手在身前撑地（图5-67）；②左脚跟离地掀起，以脚掌为轴，腰向左拧使右脚贴地向前扫转一周。数次之后换左腿练习。

图5-67

【说明】①前扫腿有伏地和直身两种。上面的是伏地前扫。直身前扫的练法是：为轴的腿只做半蹲，上身正直；扫转的腿以脚底的前掌部分贴地，后跟部分微离地面；两手不撑地，以腰的转动使脚向前扫转一周至一周半。直身的比伏地的难度要大一些，在伏地前扫有了基础后再逐渐练习直身前扫腿就比较容易了。②前扫腿一定要用腰的力量去协助腿的扫转，腿部必须挺膝伸直。③要求能迅速扫转360°或更多些，但初练可以从扫转180°开始。

（四）后扫腿

【动作】①并步站立，左脚上前一步，左腿屈膝略下蹲，右腿在后伸直，右脚尖勾紧，踝内翻以脚底内侧部分贴地，脚底外侧部分稍离地面；两臂从下向前、向上振摆举起；头向右转，目视右脚（图5-68）；②上动未停，左脚跟离地外展，左腿屈膝全蹲，上身向右下方拧腰转动；两臂随身转动向右脚处摆去，两手撑地（图5-69）；③以左脚掌碾地为轴，右脚趁拧腰、摆臂之势贴地向后扫转一周。数次之后换左腿练习。

【说明】①后扫腿的关键在于拧腰转身和为轴之腿的脚跟离地外展，因此拧腰、转身、脚跟外展的动作既要连贯，又要快速，使它产生转动的惯性力量来帮助腿的扫转。②扫转时，髋要沉、腿要直、脚要贴地，两眼始终追随着右脚，上身与扫转之腿约成135°的角。③后扫腿要求能扫转一周至一周半，初练时可先从扫转半周开始。

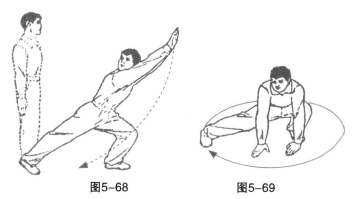

图5-68　　　　　　　　图5-69

（五）磨盘扫腿

【动作】①并步站立，左腿屈膝全蹲，左脚跟离地掀起；右腿向右侧伸出，右脚尖里扣，踝内翻以脚底内侧部分贴地；上身前俯，两手在身前撑地（图5-70）；②右腿从右向前、向左扫转，当扫转至身前时，两手离开地面让右腿扫过（图5-71），然后仍撑地（图5-72）；③上动未停，右腿继续使腿外旋以脚外侧贴地，向后、向右扫转；当扫至后方时，左脚离开地面让右腿扫过，然后再着地；当扫向右方时，右腿内旋仍以脚内侧贴地；这样扫转一周，又成原来的姿势（图5-73）。

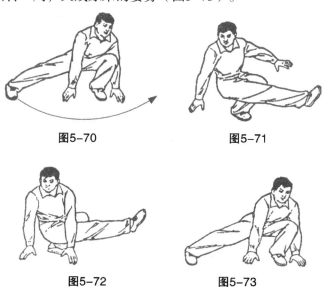

图5-70　　　　　　　　图5-71

图5-72　　　　　　　　图5-73

【说明】磨盘扫腿必须连续不停地扫转，连做5~10次之后再换腿练习。

（六）旋子

【动作】①并步站立，左脚离地向左后斜方伸出，右脚不动；左臂从下向左、向上、向右绕环摆动，右臂摆向身后（图5-74）；②左脚向左后方落步；上身向前平俯，向左、向后甩腰；两臂随之从右向前、向左摆动；右脚离地（图5-75）；③上动未停，右腿随身平甩摆动，左腿蹬伸，左脚离地也使腿随身平甩摆动，身体腾空盘旋（图5-76）；④盘旋一周后落地再做第2次。

图5-74   图5-75   图5-76

【说明】旋子必须使甩腰和摆臂的动作协调一致，形成一股惯性力量；两腿随身摆动要先右后左依次进行；在空中必须抬头、挺胸使身体成水平。

折叠旋转动作训练，在这里选了两个折叠动作（歇步、坐盘）和四个旋转动作（前扫腿、后扫腿、磨盘扫腿、旋子）。折叠动作在运动中由于膝关节、踝关节的屈伸和积极参加活动，可以增强骨骼韧带器官，保证关节的灵活性。旋转动作在前后的、地上和空中的旋转运动中，由于需要惯性力量和有时阻止这种力量，能够锻炼在旋转时保持身体稳定的能力；培养正确地利用旋转时所产生的惯性力量及阻止这种惯性力量的能力。

五、步法训练

（一）迈步走

【动作】①并步站立，两手叉腰；②右腿屈膝在身前提起（图5-77），迈过左脚向左侧落步（图5-78）；③左脚从后面向左跨出步（图5-79）；④右腿再屈膝提起，右脚向左迈步，如此连续迈步横行。

【说明】①提膝不要过高，行走要迅速。②也要练习从左向右的迈步走。

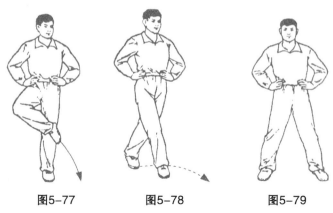

图5-77　　　　　图5-78　　　　　图5-79

（二）偷步走

【动作】①并步站立，两手叉腰；②右腿屈膝在身后提起（图5-80），向左侧落步（图5-81）；③左脚从前面向左跨出一步（姿势和图5-79相同）；④右腿再屈膝提起，右脚向左偷步，如此连续偷步横行。

【说明】同迈步走。

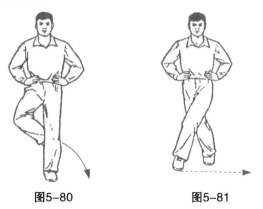

图5-80　　　　　　　图5-81

（三）踏步走

【动作】①左腿在前屈膝半蹲，右腿在后挺膝伸直，成为左弓箭步；左臂在前平举，左手五指并拢，侧屈腕使手指向上；右臂在后反举，右手五指撮拢成钩手，钩尖朝上（图5-82）；②右腿屈膝在左腿里侧提起，脚尖上翘（图5-83），随即在左脚里侧踏地（图5-84），左脚同时向前跨一步，成为与第一动相同的左弓箭步。如此连续做，就是向前跺脚踏步走。

图5-81   图5-82   图5-83

【说明】当右脚踏地时左脚要立即向前跨出，使两个动作连贯起来。踏步走也要左右两脚轮换练习。

（四）击步走

【动作】①与"踏步走"相同；②重心前移，右脚在后离开地面，左脚蹬地跳起，身体腾空；在空中，右脚从后向前击碰左脚里侧（图5-84）；③右脚落地，左脚随即向前落步，仍成左弓箭步。如此连续做。

【说明】跳起不必很高，能离开地面就可；击碰、落步要迅速；弓箭步也不必成半蹲，前腿略屈即可；此动作也要左右练习。

图5-84

（五）行步走

【动作】①与"踏步走"相同，但姿势略高；②右脚向前上步，左脚即用前脚掌挖地向后掀翻（图5-85）；③左脚向前上步，右脚挖地向后掀翻，如此连续行进。

【说明】①行步走，必须挺胸、直背、塌腰、屈膝、挖地、掀脚，好像"鹿伏鹤行"一般。②行走要迅速，要使身体保持在一定的水平线上，不能有一起一伏的波浪现象。③脚掌挖地，不要用很大的劲；掀翻要使脚跟向臀部靠拢。

图5-85

　　步法是构成武术套路运动的主要因素之一，它与手法、眼法、身法并称为武术套路运动中的"四要"。很多步法都在将来学习武术套路中与手眼身法协调地共同练习，上述这些基本步法练习仅为各种复杂的联合步法提供一些基本条件而已。

第二节　体育武术的拳术研究与训练

　　武术在套路运动方面，分徒手和器械两种，包含着轻快飘逸的、雄伟浑厚的、跌扑翻滚的、舒展劲拔的、短小紧削的、柔的、刚的、慢的、快的等等不同的内容与形式。经过基本功和基本动作训练之后，获得了运动条件，掌握了运动技巧，按中国武术的教学程序（仅指武术的套路运动，不包括散打、击剑、刺枪等搏斗运动）来说，就可以开始进行套路运动的练习了。中国武术的训练是要经过条件培养、技巧训练和套路练习这三个阶段的。当然这三个阶段也不是截然划分，它们还可以交叉进行。

　　武术运动的徒手拳术中，包含着拳、掌、钩、爪四种不同的"手型"，即使最基本的拳术也含有前面的三种手型。初学拳术，如果先掌握了这四种手型的几个基本变化，以后再学起各种拳术套路来就比较容易了。下面对四种"手型"和三套最基本的拳术：弹腿、功力拳和短打拳进行简单说明。

一、拳、掌、钩、爪

（一）拳

五指卷拢握紧为拳。握拳的方法，就是五指先并拢伸直，然后将食指、中指、无名指和小指的第二、三节指骨（有指甲的一节为第三节指骨）向内弯曲，再将第一节指骨向内弯曲，最后，弯曲拇指使它的第二节指骨紧压在食指和中指的第二节指骨上。

1.拳的定位（图5-86）

拳心——手心的一面，也即是五指弯曲的一面。

拳背——手背的一面，也即是拳心的反面。

拳面——食指、中指、无名指和小指第一节指骨互并形成的平面。

拳眼——拇指一边的圆孔。

拳轮——小指一边的圆孔。

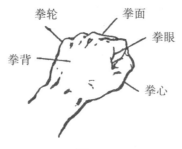

图5-86

2.拳的变动

俯拳——拳背朝上，拳心朝下，平伸前冲的拳，一般地多为

仰拳——拳心朝上，拳背朝下，屈肘收在腰侧的拳，一般地多为仰拳。

直拳——拳眼朝上，拳轮朝下，由上劈砸而下，手臂平举，停在身前或身侧的拳，一般地多为直拳。

反拳——拳轮朝上，拳眼朝下，反臂斜举在身后的拳，一般地多为反拳。

立拳——拳面朝上，直臂上举的拳，或屈肘使拳面朝上的拳．一般地多为立拳。

垂拳——拳面朝下，向下栽伸的拳，一般地多为垂拳。

其他——凡是反臂斜举在身后，拳心朝上的拳，叫作"反臂仰拳"，拳背朝上的拳，叫作"反臂俯拳"。

（二）掌

五指伸直为掌。五指分开的，叫作巴掌；五指并拢的，叫作荷叶掌；拇指展开而其余四指并拢的，叫作八字掌；拇指弯曲而其余四指并拢的，叫作柳叶掌；拇指弯曲而其余四指并拢并且手心内凹的，叫作瓦楞掌等等。图5-87是侧立的柳叶掌。

1.掌的定位（图5-87）

掌心——手心的一面。

掌背——手背的一面。

掌指——手指的前端（指尖）。

拇指一侧——拇指一边的手掌边缘。

小指一侧——小指一边的手掌边缘。

图5-87

2.掌的变动

俯掌——掌背朝上，掌心朝下。

仰掌——掌心朝上，掌背朝下。

直掌——掌的拇指一侧朝上，小指一侧朝下。

反掌——掌的小指一侧朝上，拇指一侧朝下。

立掌——掌指朝上，腕关节朝手背的一面上屈，使掌背与前臂成90°角。由俯掌部位向上屈腕，即变立掌，这种立掌也叫作正立掌。

侧立掌——掌指朝上，腕关节朝拇指一侧上屈，使食指的边缘与前臂约成90°角。由直掌部位向上屈腕，即变侧立掌。

直立掌——掌指朝上，腕关节不屈。即以直掌或俯掌的手臂向上直举。

倒掌——掌指朝下，腕关节朝手背的一面向下弯曲。由仰掌部位向下屈腕，即变倒掌。

侧倒掌——掌指朝下，腕关节朝小指一侧向下弯曲。由直掌部位向下屈腕，即变侧倒掌。

直倒掌——掌指朝下，腕关节不屈。即以直掌或俯掌或仰掌的手臂向下垂直。

横掌——掌指朝左（按右掌来说），屈腕直肘。由立掌或侧立掌向左平倒（按右掌来说），即变横掌。横掌上举于头，虽掌心朝上，也还称为横掌。

其他——凡是在身后反臂斜举时，掌心朝上的掌，叫作反臂仰掌；而掌背朝上的掌，叫作反臂俯掌。掌在头顶上举时，掌心朝上，而掌指向后的掌，称为仰掌，而不称横掌。

（三）钩

五指撮在一起，腕关节弯曲为钩。

1.钩的定位（图5-88）

钩尖——撮在一起的五指尖端。

钩顶——腕关节弯曲凸起的地方。

钩顶

钩尖

图5-88

2.钩的变动

正钩手——钩顶朝上，钩尖朝下。

反钩手——钩尖朝上，钩顶朝下。反臂后举时，一般地多为反钩手。

横钩手——钩顶与钩尖横列平行。

（四）爪

在拳术中的爪，分龙爪、虎爪和鹰爪三种。

1.龙爪

食指、中指、无名指和小指并拢，拇指伸开；腕关节尽量向手心的一面弯曲，拇指下垂尽量向前臂处牵引，而其余四指向手背一面伸张（图5-89）。

图5-89

2.虎爪

五指分开，第二、第三节指骨略向手心弯曲（图5-90）。

图5-90

3.鹰爪

食指、中指、无名指和小指并拢，拇指张开；五指第二、第三节指骨略向手心弯曲（图5-91）。

图5-91

二、弹腿

（一）弹腿动作名称

第一路　冲拳预备姿势

（1）弓步冲拳（2）马步屈肘（3）弓步撩拳（4）挽臂擂拳（5）寸腿弹踢（6）弓步冲拳

立定收势

第二路　十字腿

（1）马步冲拳（2）弓步冲拳（3）十字腿（4）马步冲拳

立定收势

第三路　劈砸

（1）弓步冲拳（2）回身上冲拳（3）翻身劈砸拳（4）挽臂擂拳（5）寸腿弹踢（6）弓步冲拳立定收势

第四路　撑扠

（1）偷步横撑（2）弓步扠掌（3）平掌穿喉（4）挑腕撩掌（5）寸腿弹踢

立定收势

第五路 架打

（1）马步冲拳（2）弓步架打（3）挽臂擂拳（4）寸腿弹踢（5）马步冲拳

立定收势

第六路 双展

（1）弓步冲拳（2）仆步屈肘（3）双环拳（4）寸腿弹踢（5）弓步拳

立定收势

第七路 单展

（1）马步冲拳（2）单臂回环（3）贯耳拳（4）十字腿（5）马步冲拳

立定收势

第八路 蹬踹

（1）弓步冲拳（2）马步屈肘（3）弓步撩拳（4）挽臂擂拳（5）寸腿弹踢（6）右蒙头护裆（7）左蹬踹（8）左蒙头护裆（9）右蹬踹（10）弓步冲拳

立定收势

第九路 碰锁

（1）弓步冲拳（2）腰间碰锁（3）前后分掌（4）挽臂擂拳（5）寸腿弹踢（6）弓步冲拳

立定收势

第十路 箭弹

（1）弓步冲拳（2）马步屈肘（3）弓步撩拳（4）挽臂擂拳（5）寸腿弹踢（6）托掌冲拳（7）弓步推掌（8）跃身箭弹（9）弓步冲拳

立定收势

第十一路 勾挂

（1）弓步冲拳（2）横步托掌（3）撑掌勾挂（4）马步栽拳（5）弓步击头（6）弓步冲拳

立定收势

第十二路 披身拳

（1）弓步冲拳（2）平腿弹踢（3）披身伏虎（4）弓步冲拳

立定收势

（二）弹腿动作图解

第一路 冲 拳

预备姿势

【口令】弹腿预备

【动作】①立正，两脚并拢，左手拇指一侧向上直臂向左平举；

②左臂上举，从头部右侧下落，屈肘，停在右肩处，屈腕立掌，掌心朝右（图5-92）；③右手握拳，屈肘，从左前臂里面穿向右侧。平伸击出，拳眼朝上，成直拳（图5-93），左手立掌不动，唯以搁指叉在右腋下。

图5-92 　　　　　　　　 图5-93

【要领】当左手做动作时，眼睛注视左手；当右手做动作时眼睛注视右手。

（1）弓步冲拳

【口令】一

【动作】①头向左转，两眼注视前方；②左脚向左跨出一步，左腿屈膝；右脚不动，腿部挺直，脚尖略向左，成左势弓箭步；③左掌握拳向左平伸击出，拳眼向上，两臂成一条水平线（图5-94）。

图5-94

【要领】两肩放松，不要耸起。冲拳时要快而有力，但在冲出后必须放松肌肉。

（2）马步屈肘

【口令】二

【动作】①上身略微耸起一些，使左脚便于用脚跟碾转，脚尖向内扣；②上身随左脚尖的内扣而转正，两腿均屈膝半蹲，成马步；③左拳随左臂屈肘放在左肩前面，拳心朝下，肘与肩平；眼仍注视左侧（图5-95）。

【要领】屈肘时，臂部肌肉要紧张，完成动作后，要松弛。对马裆步的要求与基本功训练中的马步相同；屈肘的要求是，左肘与右拳眼要成一条水平线。屈肘的拳，腕部不要弯曲。

图5-95

（3）弓步撩拳

【口令】三

【动作】①左拳下降至左膝部（图5-95的虚线）；②左脚以脚跟为轴，使脚尖向左转，右脚以前脚掌为轴，使脚跟向右转；上身随之向左转；右拳臂内旋，使拳眼朝下；③左拳向身后平举，此时两腿又成左势弓箭步，右拳向下经前向左上直臂撩起（图5-96）。

图5-96

【要领】①第二、第三动作要联合进行，既要转身变弓箭步，又要向身后举拳，还要向身前撩拳。②后举的拳和前撩的拳，两拳眼均朝上，两臂均与肩平。③弓步撩拳的弓箭步是个拧腰的弓铜步，要特别注意后面的脚跟不要拔起。

（4）挽臂擂拳

【口令】四

【动作】①右拳臂内旋，使拳眼朝下；②屈肘向左胁前挽回；③以拳背从左胁前向上、向前、向下猛擂，肘关节屈收在腰际，拳心朝上（图5-97）。

图5-97

【要领】在屈肘挽臂时，不要用力；在擂拳时却要像擂鼓那样地用力擂。在完成动作之后，臂部肌肉立即放松，不要紧张。

（5）寸腿弹踢

【口令】五

【动作】右腿屈膝，右脚离地提起，脚趾使劲，用力向前踢出。踢出后脚高不过膝（图5-98）。

【要领】可参考基本功训练中的弹腿动作训练。

图5-98

（6）弓步冲拳

【口令】一

【动作】①踢出之右脚向前落地，右腿屈膝，左脚不动，左膝部挺直，变成右势弓箭步；②右拳在右脚落地时向前平伸击出，拳眼朝上，与前面的弓步冲拳恰成相反姿势（图5-99）。

图5-99

【要领】参考前述的弓步冲拳。

立定收势

【口令】立定

【动作】①右脚以前脚掌为轴使脚跟转向正后方（即预备姿势时的正前方），右膝挺直，左脚向右脚并拢，立直；②左拳变掌上举过头，屈肘下降，放在右肩前，右拳在左掌上举时下降在右腿侧旁，并在左臂屈肘时，也屈肘从左臂内侧穿出向右侧平击。此时姿势和预备姿势完全相同，但是方向相反。其实，第一路的立定收势，就是第二路的预备姿势（图5-100）。

图5-100

【注】在练习至第六个动作时，并不立即立定结束，而是继续以相反动作练习下去。第六动弓步冲拳，实是反动作的第一势，接下去是右臂屈肘的马步屈肘（口令二）、左拳撩拳的右势弓步撩拳（口令三）、左拳

的挽臂搧拳（口令四）、左脚的寸腿弹踢（口令五）。在这五个反动作做完之后，左脚向前落地，又变成正动作的弓步冲拳（口令一），马步屈肘（口令二）、弓步撩拳（口令三）、挽臂搧拳（口令四）、寸腿弹踢（口令五）。这样，一正、一反、一正，共15个动作（反动作只有5个），做完之后，又成反动作的弓步冲拳（像图5-99那样），这时才并步立定，结束第一路运动。后面第二、三、四……到十二路大都是这样一正、一反、一正进行的，最后加一个反的动作，并步结束。在这里说明了这个情况，以后不再复述了。

第一路弹腿，在弹腿歌诀里称为"弓步冲捶一条鞭"。从它包括的动作来看，它的锻炼效果是发展上下肢的肌肉。

第二路　十字腿

（1）马步冲拳

【口令】一

【动作】①依图193之虚线，左脚向左跨出一步，两腿屈膝下蹲，成马步；右拳变掌，弧形左移，放在左肩前面；②右掌又变拳，收至右腰侧，左掌也变拳，向左平击；目视左拳（图5-101）。

图5-101

【要领】①上身必须挺胸塌腰，两肩外展。②收在腰侧的拳，拳背朝下，肘要向后贴；击出的拳，拳心朝下，拳与肩平，腕要平直。③击拳要用力，击后要放松；击拳总是先紧张，后松弛，以后不再说明了。④马步的要领与基本功训练中的马裆步相同。

（2）弓步冲拳

【口令】二

【动作】左脚以脚跟为轴，右脚以前脚掌为轴，使上身左转变成左势弓箭步；左拳臂外旋，使拳心朝上，屈肘收至左腰侧；右拳臂则向前内旋平伸击出，拳心朝下；目视右拳（图5-102）。

图5-102

【要领】转身、收拳、击拳三个动作必须同时进行，不分先后。

（3）十字腿

【口令】三

【动作】右拳臂外旋，使拳心朝上，屈肘收至右腰侧；左拳臂则向前内旋平伸击出，拳心朝下；左脚不动，右脚向前蹬踢，脚尖上翘（图5-103）。

【要领】收拳、击拳、踢脚三个动作必须同时进行；蹬踢的脚要与击出的拳相接近，不要过低或过高。

图5-103

（4）马步冲拳

【口令】一

【动作】右脚向前落地，变成反方向的马步；左拳臂外旋收至左腰侧，右拳从腰侧向右平伸击出（图5-104）。这是第二路中的反动作的第一势，接下去是两个反动作，然后再变三个正动作，才又出现图5-104的反动作。

【要领】同口令一的马步冲拳。

图5-104

立定收势

【口令】立定

【动作】两腿立直，左脚向右脚靠拢；左右手的姿势和上述的预备姿势相同，即与第一路的预备姿势完全相同。

在弹腿歌诀中，第二路称为"左右十字奔脚尖"。其步型仍然是马步和弓箭步，对下肢肌肉的发展和第一路并没有两样。但它的马步姿势由于对上身提出了两肩外展、挺胸塌腰的要求，因此对胸大肌、背阔肌、臀中肌、臀大肌的发展比第一路更为有效。

第三路　劈砸

（1）弓步冲拳

【口令】一

【动作】动作与姿势和第一路第一动完全相同（图5-105）。

【要领】同第一路的弓步冲拳。

图5-105

（2）回身上冲拳

【口令】二

【动作】①右脚以前脚掌为轴

使脚跟转向左侧，左脚以脚跟为轴使脚尖转向右前方，上身随之右转，两腿右屈左直成为右势弓箭步；②右拳下沉，直垂在右腿外侧，拳眼朝前；左拳直臂在转身的同时上举，拳眼朝后（图5-106）；③左拳向前、向下、向后挥下，反臂后举；拳眼朝下；右拳拳心向面部，屈肘向上冲起，似击别人下颌之状；目视右拳（图5-107）。

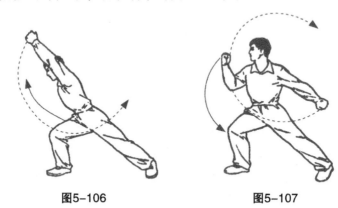

图5-106　　　　　　　　　　图5-107

【要领】①回身上冲拳的三个动作必须连贯起来做，图5-106和图5-107实是一个动作的分解。②左拳的反臂后举是个回环性质的动作，因此肩关节必须灵活，肌肉不能紧张。③右臂屈肘右拳上冲动作，臂部肌肉要紧张，至完成动作之后也不要放松，直到开始做下一个动作时才松弛。

（3）翻身劈砸拳

【口令】三

【动作】①右拳落沉至右腿外侧，仍如图5-106，但以拳心向前；②左拳向下、向前经上向后回环举起，拳眼朝上；③上身开始向左翻转（图5-108）；④左脚以前脚掌为轴，右脚以脚跟为轴，使右势弓箭步变为左势弓箭步；⑤左拳由左上向左前方劈下；⑥右拳从右腿侧向前上方直举，转臂使拳心向右侧；⑦左拳由前方下沉绕向身后平举，拳眼朝上；右拳随即由上方向前砸下，拳与肩平，拳眼也朝上（图5-109）。

图5-108　　　　　　　　　　图5-109

【要领】①第①、②、③三个动作要同时进行，第④、⑤、⑥、⑦四个动作也要同时进行。②翻身劈砸，除转身外还有翻身动作，因此要求在转身劈拳时，上身稍向后仰，以腰的转动使上身转回。③翻身劈砸也是两肩的灵活运动，因此两肩必须放松。

（4）挽臂擂拳

【口令】四

【动作】与第一路的挽臂擂拳完全相同。

（5）寸腿弹踢

【口令】五

【动作】同第一路的寸腿弹踢。

（6）弓步冲拳

【口令】一

【动作】同第一路的弓步冲拳。

立定收势

【口令】立定

【动作】同第一路的立定收势。

在弹腿歌诀中，第三路称为"翻身盖打劈又砸"。其中心内容是由劈砸动作而形成的两臂回环运动和翻身动作而形成的拧腰运动。回环和拧腰，能促使肩关节的灵活性和脊柱腰椎的柔软性，扩大其运动范围。

第四路　撑扠

（1）偷步横撑

【口令】一

【动作】①由图5-110的立定姿势，左脚向左侧移半步，右脚从左脚后面偷步成交叉状；②左掌变拳、右拳变掌；左拳由右肩处向左直臂横扫，拳心朝下，右掌随之向左横扫至左肩处变为立掌，掌心朝左（图5-111）。

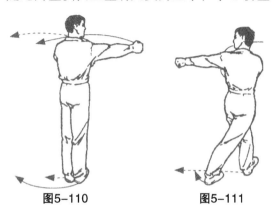

图5-110　　　　　　　图5-111

【要领】①偷步交叉的两脚尖必须正对前方。②拳掌横扫视线要随拳移动。③两肩不要耸起，右肘要贴近胸腹。

（2）弓步扠掌

【口令】二

【动作】①左脚向左退一步，右脚以前脚掌碾地，使脚跟向左，右腿屈膝，为右势弓箭步；②右掌拇指朝下，反掌，由左肩处向右横扫（图5-112）；③左拳变正倒掌，五指朝下，屈肘收至左腰侧；右掌继续向右侧后方横扫，至身后时五指撮拢，屈腕形成钩手，反臂后举；④左掌由左腰侧变侧立掌，向前平伸扠出，五指朝上，拇指并拢（图5-113）。

图5-112　　　　　　　　　图5-113

【要领】前扠掌不能高过前额；后钩手则尽量反臂上举，但也不要由于尽量上举而影响到上身前俯，上身必须挺胸直背，略微有些前倾。

（3）平掌穿喉

【口令】三

【动作】①左臂外旋，使掌心朝上；右钩变掌，掌心朝上，屈肘收至右腰侧；②右掌从左掌上面向前穿出成为仰掌，左臂屈肘，左掌收至右腋下；目视右掌（图五114）。

图5-114

【要领】穿出之右掌，高于肩部，如穿别人的咽喉，腕部要直左肘弯曲要贴近胸前。

（4）挑腕撩掌

【口令】四

【动作】①右掌依照图5-114实线的路线移至左肩外侧，五指朝上，掌心朝外；右脚随右掌的移动以前脚掌碾地，使脚跟转向右后方，当右掌移至左肩外侧时，右腿屈膝全蹲，成左仆步（图5-115）；②右腿伸直，左腿屈膝，变为左势弓箭步；右掌从左肩外侧移向右后方，成为反钩手；左掌向前方撩起，五指朝上，成侧立掌（图5-116）。

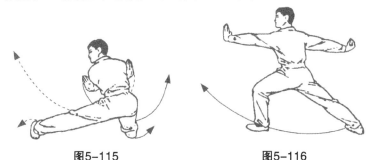

图5-115　　　　　　　　　　图5-116

【要领】仆步时上身向左略倾，左腿必须挺直平铺，脚尖必须向内扣。②撩掌动作必须与反臂钩手和仆步变弓步动作同时进行。

（5）寸腿弹踢

【口令】五

【动作】上肢姿势不动；右脚五趾用力抓紧，并向前踢出（图5-117）。

【要领】同前面的寸腿弹踢。

图5-117

立定收势

【口令】立定

【动作】右脚落地，脚尖内扣（脚尖对开始时的后方）；左脚向右脚并拢；右钩手变拳，向右击出，拳眼朝上；左掌收于右肩侧，与第一路预备姿势相同。

在弹腿歌诀中，第四路称为"撑扠穿撩把腿弹"。这一路除像上面几路一样能发展某些肌肉外，对腕关节的韧带也能起一定的锻炼作用。在这里必须说明的是：第四路弹腿在进行到第五个动作时，继续做反动作，在右脚落步之后，左脚从右脚后做偷步，两手仍是立定时的动作，只是变成反动作的偷步横撑姿势，这样做下去便成反动作，在变为第二次正动作时再做立定收势。

第五路　架打

（1）马步冲拳

【口令】一

【动作】与第二路的马步冲拳相同（图5-118）。

【要领】同前述的马步冲拳。

图五118

（2）弓步架打

【口令】二

【动作】右脚以前脚掌为轴，左脚以脚跟为轴，同时向左转，变为左势弓箭步；左臂屈肘向上，左拳横架在额角前上方，拳心朝前；右拳从腰侧向前平伸击出，拳心朝下（图5-119）。

图5-119

【要领】上述动作必须同时进行，左拳上架时不必用很大的力量，而右拳冲出时却要用力击出。

（3）挽臂擂拳

【口令】三

【动作】同前面的挽臂擂拳（图5-120）。

图5-120

（4）寸腿弹踢

【口令】四

【动作】同前面的寸腿弹踢（图5-121）。

图5-121

（5）马步冲拳

【口令】一

【动作】右脚落地成骑马势；左拳收至左腰侧，右拳向右平击（图5-122）。

图5-122

立定收势

【口令】立定

【动作】两腿立直，左脚向右脚靠拢，同前述之立定收势。

在弹腿歌诀中，第五路称为"护头架打掏心拳"。这一路主要发展的肌肉是三角肌、大圆肌、前锯肌、腹外斜肌、胸大肌、背阔肌、缝匠肌、股直肌、阔筋膜张肌、胫骨前肌、腓骨长肌、腓月肌、比目鱼肌等。

第六路　双展

（1）弓步冲拳

【口令】一

【动作】同第一路的弓步冲拳（图5-123）。

图5-123

图5-124

（1）仆步屈肘

【口令】二

【动作】左脚尖向里扣，左腿伸直平铺，右腿屈膝下蹲，变成左仆步；左臂屈肘，左拳放在左肩处，拳心朝下（图5-124）。

【要领】同仆步及第一路之屈肘。

（3）双环拳

【口令】三

【动作】①上身立起，两腿变成左屈右直之左势弓箭步；左拳同时像第三路劈拳那样向前劈击，并向下绕至左侧身后平举，右拳随之也像第三路砸拳那样向前砸下（图5-125）；②左臂屈肘，左拳像第五路那样横架额角前上，同时右拳做挽臂搐拳动作（图5-126）。

图5-125

图5-126

【要领】所谓双环拳，就是两臂做回环动作。因此上述两动必须同时完成。双环拳在变弓步时，肩关节必须放松，而在护头横架、挽臂搐拳时，肘关节也要放松。

（4）寸腿弹踢

【口令】四

【动作】在后的右脚向前踢出（图5-127）。

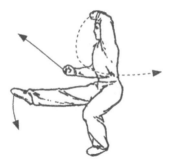

图5-127

（5）弓步冲拳

【口令】一

【动作】和上述的弓步冲拳相同

立定收势

【口令】立定

【动作】同第一路的立定收势。

在弹腿歌诀中，第六路称为"仆步双展使连环"。此路动作的重点，在于两臂的双展回环，所以对肩、肘关节的滑润和坚韧能起锻炼作用。同时两拳也含有屈腕动作，对腕掌、腕背的侧横韧带及肌肉群，也能起锻炼作用。

第七路 单展

（1）马步冲拳

【口令】一

【动作】与第二路马步冲拳相同（图5-128）

图5-128

（2）单臂回环

【口令】二

【动作】①左拳依照图5-128之虚线箭头，向下经前向右上再向左回环，屈肘收至左腰侧，拳心朝上；②同时上身左转，两腿变成左势弓箭步；右拳向上也回环至左腰侧，叠在左拳上，拳心也朝上；身体右侧对着前方（图5-129）。

图5-129

【要领】上述动作必须同时进行，而且要迅速连贯，视线随左拳移动，到两拳相叠时，眼睛注视前方。

（3）贯耳拳

【口令】三

【动作】右拳以拳背用力向前上方捆出，如捆别人的反耳光相仿，拳眼朝上；目光注视右拳，姿势不动（图5-130）。

【要领】在以拳背贯耳的时候，虽然是直臂捆出，但上臂不要用力，只要前臂用力就行。

图5-130

（4）十字腿【口令】四

【动作】与第二路十字腿相同。

（5）马步冲拳【口令】一

【动作】同第二路马步冲拳。

立定收势

【口令】立定

【动作】同第二路立定收势。

在弹腿歌诀中，第七路称为"单展贯耳脚来踢"，也概括了此路的主要动作。这些动作对锻炼肩关节的灵活性，扩大肩部的振幅，以及发展前臂肌肉和腹外斜肌都起着良好的作用。

第八路 蹬踹

（1）弓步冲拳

【口令】一【动作】同第一路的弓步冲拳。

（2）马步屈肘

【口令】二【动作】同第一路的马步屈肘。

（3）弓步撩拳

【口令】三【动作】同第一路的弓步撩拳。

（4）挽臂擂拳

【口令】四

【动作】同第一路的挽臂擂拳。

（5）寸腿弹踢

【口令】五

【动作】同第一路的寸腿弹踢（图5-131）。

图5-131

（6）右蒙头护裆

【口令】一

【动作】依图5-131之虚实线，右脚向前落半步，脚尖对弹腿开始时的正面方向，上身左转也对正面；右拳向下从身后上举，屈肘蒙头；同时左拳向上经身前下伸护裆；右腿先直后屈下蹲；左腿在左拳护裆时屈膝提起，脚底靠近右大腿前面，在下蹲时，左脚脚尖点地，形成左丁步姿势（图5-132）。

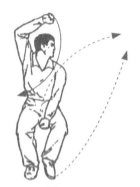

图5-132

【要领】①做蒙头护裆时两臂不要用很大的力量，肩关节必须放松。②丁步时重心放在右腿上，另一脚脚尖虚点地。③挺胸塌腰，目光左视。

（7）左蹬踹

【口令】二

【动作】①左臂屈肘，左拳伸向胸前，拳心朝胸，肘贴腹前；

右拳从头部经面前下沉，收至右腰侧，拳心朝上；②右腿直立，左腿向左侧踢起，用脚跟蹬踹；左拳拳眼朝上，向左平击（图5-133）。

图5-133

【要领】右肘充分后移，以便展肩扩胸；左拳要与肩平；蹬踹之脚要用力蹬出，但要注意不能因用力而影响身体的平衡。

（8）左蒙头护裆

【口令】三

【动作】左腿屈膝收回，左脚落于右脚旁；右拳先下沉，后从身后上举，接着向身前下伸护裆；左拳先向下，后即随左臂屈肘上举蒙头，左腿先直后屈，身体下蹲；右腿先屈膝提起，接着以脚尖虚点地，形成右丁步（图5-134）。

图5-134

（9）右蹬踹

【口令】四

【动作】与左蹬踹相同，但方向相反（图5-135）。

图5-135

（10）弓步冲拳

【口令】五

【动作】和上述的弓步冲拳相同。

立定收势

【口令】立定

【动作】同上述的立定收势。

在弹腿歌诀中，第八路称为"蒙头护裆踹两边"。由于此路包含肩的外展、全蹲后的直立以及蹬踹动作，所以能很好地发展斜方肌、背阔肌、胸大肌、缝匠肌、股四头肌、阔筋膜张肌、胫骨前肌、腓肠肌、比目鱼肌及髋部肌肉。

第九路　碰锁

（1）弓步冲拳

【口令】一

【动作】同前弓步冲拳（图5-136）

图5-136

（2）腰间碰锁

【口令】二

【动作】①两脚不动，右拳变掌，由上向前拍左拳背（左拳本勾拳眼朝上，在右掌下落时，则转为拳背朝上，左臂略屈肘）；②上身向左拧腰，以身体右侧对前方；③右掌与左拳均外旋收至左腰侧，左拳在上，右掌在下，拳掌相叠，拳心和掌心均朝上（图5-137）。

【要领】①右掌下拍时，目光要注视拳掌，并且视线随着拳掌的移动移至腰间，后注视前方。②做这个动作，腰必拧，但不能影响两脚的部位及腿的高度。

图5-137

（3）前后分掌

【口令】三

【动作】①左拳变掌，掌心朝上；②左右两掌向前后推出，右掌向前，左掌向后，均为侧立掌；目光随右掌移至前方（图5-138）。

图5-138

【要领】分掌要用力，两掌要尽量屈腕上翘，五指并拢，不能分开或弯曲。

（4）挽臂擂拳

【口令】四

【动作】两掌同时握拳，左拳不动，右臂屈肘挽臂擂拳，与前述的挽臂擂拳相同。

（5）寸腿弹踢

【口令】五

【动作】同前述的寸腿弹踢。

（6）弓步冲拳

【口令】一

【动作】同前述的弓步冲拳。

立定收势

【口令】立定

【动作】同前述的立定收势。

在弹腿歌诀中，第九路称为"腰间碰锁分两掌"。这路动作强调拧腰及屈腕直掌，所以能发展骼嵴、腰背筋膜、腰方肌、腹外斜肌及桡侧腕屈肌、尺侧腕屈肌、掌长肌等肌肉。

第十路箭弹

（1）弓步冲拳【口令】一【动作】同第一路的弓步冲拳。

（2）马步屈肘【口令】二【动作】同第一路的马步屈肘。

（3）弓步撩拳【口令】三【动作】同第一路的弓步撩拳。

（4）挽臂擂拳【口令】四【动作】同第一路的挽臂擂拳。

（5）寸腿弹踢【口令】五【动作】同第一路的寸腿弹踢（图5-139）。

图5-139

（6）托掌冲拳

【口令】一

【动作】①右脚向前落步，上身左转，面对弹腿开始时的正面，两腿屈膝为骑马势；②左拳变掌向下、向右、向左上方举起，做蒙头状，掌心朝上，指尖朝右；③右拳向右平击，拳心朝下（图5-140）。

图5-140

【要领】①目光先注视着左手，到左掌蒙头时，目光改看右拳。②托掌之肘虽屈，但不要过分，应成半圆形；肘部必须向后展，使左胸挺出；冲出之拳要与肩平，肩关节略向后展，使右胸挺出。③要注意收下巴颏儿和塌腰。

（7）弓步推掌

【口令】二

【动作】①左臂屈肘，左掌收至左腰侧，屈腕，倒掌，五指朝下；②上身右转，两腿变为右势弓箭步；③右拳收至右腰侧；左掌向前推出，屈腕，手指朝上，成为侧立掌；目视左掌（图5-141）。

【要领】推掌必须用力。

图5-141

（8）跃身箭弹

【口令】三

【动作】①左腿向前踢起；左掌变拳收至腰侧，右拳在左腿踢起的同时向前平击（图5-142）；②右脚蹬地跃起，在空中，左腿屈膝，右腿用脚跟向前蹬踹，膝部挺直；右拳立即收至腰侧，左拳在右腿前蹬的同时向前击出，犹如在空中进行第二路中的十字腿动作，但拳眼朝上（图5-143）。

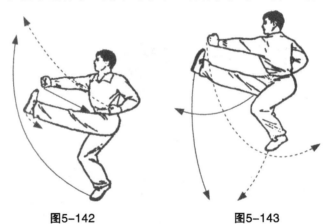

图5-142   图5-143

【要领】踢腿与蹬地动作要连贯紧凑。在空中的箭弹，上身要向前稍做俯压，以助高度。

（9）弓步冲拳

【口令】一

【动作】左脚先落地，当右脚落地时即成右势弓箭步；两拳由胸前向前后击出，姿势和第一路弓步冲拳相同。

立定收势

【口令】立定

【动作】同前面的立定收势。

在弹腿歌诀中，第十路称为"空中箭弹飞天边"。它是弹腿中唯一的一个跳跃动作。这个跳跃动作的要求并不低，要跳得越高越好。这路主要是培养弹跳力和发展上下肢的肌肉。

第十一路　勾挂

（1）弓步冲拳

【口令】一

【动作】同前第一路弓步冲拳（图5-144）。

图5-144

（2）横步托掌

【口令】二

【动作】左拳变掌，向前下方抄起，掌心朝上，随左臂屈肘托在胸前；同时左腿向右脚后面横移挺直，右腿向正面屈膝，成为右势弓箭步；右拳不动；目视左侧（图5-145）。

图5-146

【要领】挺胸塌腰，脚跟不要掀起。

（3）撑掌勾挂

【口令】三

【动作】左掌臂内旋翻转，五指朝上，由胸前向前、向左弧形平摆撑出；左脚向前踢起勾挂，脚尖上翘，高不过膝；右腿仍屈膝（图5-147）。

图5-147

【要领】勾挂时，小腿较用力，脚尖必须翘起；右膝并不伸直. 但可以略微升高一些；上身不要后仰，应向前略倾。

（4）马步栽拳

【口令】四

【动作】依图5-147的虚实线，左脚向左踏一步，上身由左向后转，同时有脚也向左侧跨一步，变成骑马势；左掌变拳，斜沉于左腿外侧. 拳眼朝下；右拳在右脚上步时，屈肘放在右耳际，在变为骑马势时，由耳际向下栽击于裆前，拳心朝里；目视右侧（图5-148）。

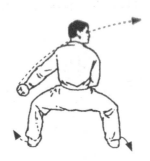

图5-148

【要领】同前述的骑马势。

（5）弓步击头

【口令】五

【动作】两腿变为右势弓箭步；左拳从左腿侧向前上方横扫击出，拳心朝下；右拳仍栽沉在裆前不动（图5-159）。

图5-159

【要领】左拳要用力横击，高度如击别人之头部，不要过高或过低。

（6）弓步冲拳

【口令】一

【动作】①两拳均收在胸前．两臂屈肘．肘部贴靠腹部，拳心朝面部：⑦两拳由胸前同时向左右伸出，同前述的弓步冲拳。

立定收势

【口令】立定

【动作】同前述的立定收势。

在弹腿歌诀中，第十一路称为"勾挂连环机妙巧"。这一路主要是发展股直肌、缝匠肌、股内肌、胫骨前肌、腓肠肌及比目鱼肌等，其他上肢肌群同前。

第十二路 披身拳

弓步冲拳

【口令】一

【动作】与上述的弓步冲拳相同，但左拳伸出时略高，右拳在出步时臂内旋，使拳眼朝下，变成反拳（图5-160）。

图5-160

（2）平腿弹踢

【口令】二

【动作】右脚向前踢出，脚面绷直；左腿微屈膝（图5-161）。

【要领】平腿弹踢虽比寸腿弹踢的高度较高，但用力程度还是相同。

图5-161

（3）披身伏虎

【口令】三

【动作】右脚向前落步，上身左转，成为左腿屈膝、右腿挺直的反弓箭步；左拳向下反臂斜举于左腿外侧，右拳向上回环下栽于裆前；目视右侧（图5-162）。

图5-162

【要领】落步变势及右拳下栽等动作必须同时进行，并要迅速、用力。

（4）弓步冲拳

【口令】一

【动作】右臂屈肘，接着右拳向前冲出；反弓箭步变成正的右势弓箭步（图5-163）。

图5-163

立定收势

【口令】立定

【动作】同前述的立定收势。

在弹腿歌诀中，第十二路称为"披身伏虎下栽拳"。此路可以发展胸大肌、前锯肌、腹外斜肌、三角肌、肱二头肌及下肢肌肉。

三、功力

（一）功力拳动作名称

1. 预备姿势　　2. 上冲拳　　3. 马步栽拳　　4. 弓步横击（右）

5. 弓步栽拳　　6. 弓步横击（左）　　7. 弓步栽拳　　8. 分掌并步

9. 弓步双冲（左）　10. 弓步双冲（右）　11. 偷步横扫　12. 抢臂上冲

13. 左蹬脚　　14. 右蹬脚　　15. 弓步冲拳　　16. 马步挑击

17. 败势斜击　18. 弓步冲拳　　19. 马步挑击　　20. 三环套月（一）

21. 三环套月（二）　22. 三环套月（三）　23. 三环套月（四）

24. 弓步双冲（一）　25. 弓步双冲（二）　26. 弓步双冲（三）

27. 马步挑击　　28. 马步搂击　　29. 歇步栽拳　　30. 翻身劈拳

31. 马步挑击　　32. 马步搂击　　33. 败势斜击　　34. 跳步击拳

35. 扣腿穿喉　　36. 挑腕撩掌　　37. 扣腿双穿喉　38. 托掌冲拳

39. 立定收势

（二）功力拳动作图解

1. 预备姿势

【口令】功力拳预备

【动作】面向东，站好立正姿势，两臂屈肘，两手握拳抱在腰部两侧；目视前方（图5-164）。

图5-164

【要领】两拳拳心朝上，两肩向下沉，两肘向后拢，挺胸收腹，下颌内收，目视前方。不能因挺胸收腹而使呼吸停在胸间，应以正常的规律进行呼吸。

2. 上冲拳

【口令】一

【动作】两拳由腰际向上直冲，拳心朝前，拳眼相对（图5-165）。

图5-165

【要领】两臂上举必须垂直，以保持扩胸状态。

【功效】锻炼三角肌、肱三头肌、肱二头肌、肱桡肌和桡侧腕长伸肌。

3. 马步栽拳

【口令】二

【动作】①右脚不动，左脚向左跨出一步，两腿屈膝形成骑马势；②两拳在左脚跨出时，屈肘放在两耳际，拳心朝前，两肘外展；③两拳在形成骑马势后由耳际向裆前栽击，拳心朝内；目光前视（图5-166）。

图5-166

【要领】挺胸塌腰，大腿要蹲平，两臂并不垂直下栽而是向前下方斜栽。

【功效】主要发展下肢的缝匠肌、股直肌、股内肌、股外肌、胫骨前肌、腓肠肌和比目鱼肌。

4. 弓步横击（右）

【口令】三

【动作】①右臂屈肘，右拳收至右腰侧，拳心朝上（图5-167）；②左拳向右、向上、向左下直臂回环，左脚以脚跟为轴、右脚以前脚掌为轴，同时碾地，上身左转，形成左势弓箭步；③此时左臂屈肘，左拳收于左腰侧，右拳从腰际向右前平击，拳心朝下；目视右拳（图5-168）。

 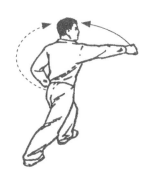

图5-167　　　　　　　图5-168

【要领】①左臂回环，肩部要放松；右拳横击，要快而有力。②扩胸，两肩外展，上体略向前俯。

【功效】主要能发展下肢的股直肌、股内肌、股外肌、腓骨长肌、胫骨前肌、髂腰肌、阔筋膜张肌和上肢的肱二头肌、三角肌以及背阔肌、胸大肌、腹外斜肌等，并能促进肩关节的灵活性。

5. 弓步栽拳

【口令】四

【动作】①两臂屈肘上举，两拳附于耳际；②直臂向前下方斜栽，拳心朝下（图5-169）。

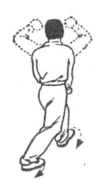

图5-169

6. 弓步横击（左）

【口令】五

【动作】①左臂屈肘，左拳收至左腰侧；②右拳向上、向右直臂回环；右脚以前脚掌碾地，使脚跟转向左方，左脚以脚跟碾地，使脚尖里扣，上身随之右转，成为右势弓箭步；③此时右臂屈肘，右拳收于右腰侧，左拳则从腰际向左前平击，拳心朝下；目视左拳（图5-170）。要领与功效和右弓步横击相同。

图5-170

7. 弓步栽拳

【口令】六

【动作】与动作5（弓步栽拳）相同，但方向相反（图5-171）。

图5-171

8. 分掌并步

【口令】七

【动作】①两拳变掌，交叉于右膝前（图5-172）；②左脚向右脚并拢；两掌交叉上举，并分向左右两侧绕环；③上身立直，两掌从左右两侧变拳抱于两腰侧，两肘后屈；目视正前方（图5-173）。

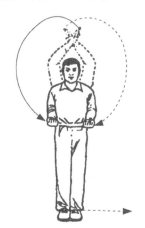

图5-172　　　　　　　　图5-173

【要领】这个动作好像在做深呼吸，但两掌绕环时要迅速。

【功效】活动肩关节，促使背阔肌、胸大肌等肌肉做紧张和松弛的锻炼。

9. 弓步双冲（左）

【口令】八

【动作】左脚向左跨出一步，左腿屈膝，右腿挺直，成为左势弓箭步；上身左转；两拳同时由腰际向前平击，拳心朝下；目视两拳（图5-174）。

【要领】两拳略高于两肩，上身略向前倾，后腿用力挺直，前腿尽量前屈，脚跟完全着地，腰部和臀部下塌。

【功效】主要发展上下肢的肌肉。

图5-174

10. 弓步双冲（右）

【口令】一

【动作】①右拳由身前下沉，向后反举，变成反钩手（图5-175）；②左脚收回，并于右脚旁，两腿直立；左拳变掌，由身前下沉。随左脚并步向右肩处屈肘抄起，成为正立掌（图5-176）。

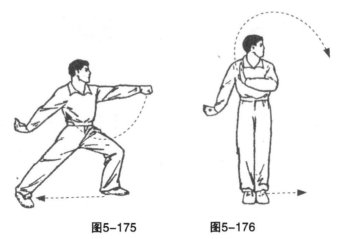

图5-175　　　　图5-176

【口令】二

【动作】①左脚向左跨出一步，左腿屈膝；左掌仍变拳由右肩处上举，并向前劈下，拳眼朝上（图5-177）；②右脚上步，身体左转，右钩手变拳，由上向前砸下，左拳收于左腰侧，两腿屈膝，形成骑马势（图5-178）；③右拳收于右腰侧（图5-179）。

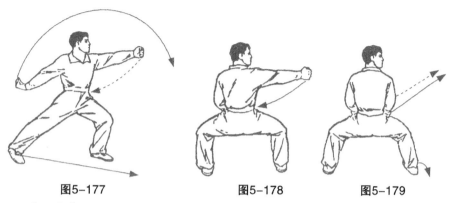

图5-177　　　　　　　　图5-178　　　　　　　图5-179

【口令】三

【动作】①左脚以前脚掌碾地，右脚以脚跟碾地，使上身右转，变成右势弓箭步；②两拳由腰际向前平击，拳心均朝下（图5-180）。

图5-180

【要领】在马步变为弓步双冲的时候，左腿要猛力蹬直，而两拳在左腿猛蹬、上身右转时，用力击出。

11. 偷步横扫

【口令】一

【动作】右脚从左脚后向西做偷步；左拳由身前随上身左转向左方横扫，右拳变掌同时向左横扫附在左肩部，势如第四路弹腿中的偷步横撑（图5-181）。

【要领】右脚在做偷步之前，左脚要转正，偷步时两脚尖必须在一直线上，不可参前落后。

图5-181

12. 抡臂上冲

【口令】二

【动作】两脚以前掌碾地，使上身从右向后转向正南；左拳不动，右掌在转身时从左肩处举至头顶上面（图5-182）。

图5-182

【口令】三

【动作】①左脚向右脚并拢，两腿屈膝下蹲；左拳垂下，右掌变拳直举（图5-183）；②两腿全蹲；左拳向前、向上举起，右拳向后绕至下方，拳心朝后（图5-184）；③左拳由上向后绕环，至身后下方时，左臂屈肘左拳收于左腰侧；右臂屈肘，右拳从身前向上冲举；身体随之立起；目视左侧（图2五-185）。

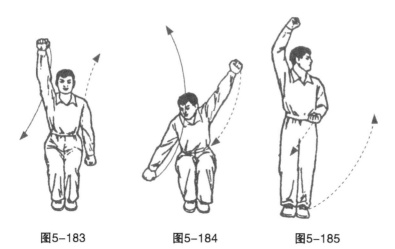

图5-183　　　　　图5-184　　　　　图5-185

【要领】抡臂上冲是两臂向后回环的动作，因此要求两肩放松；在形成冲天炮拳后，左肘要后移，胸要挺，腹要收。

【功效】主要锻炼肩关节周围的肌腱纤维及从肩胛骨喙突展延而来的副韧带，扩展周旋运动的范围；并能增强膝关节的踺肌腱、腘肌腱、腓侧副韧带、胭斜韧带、半膜肌腱等的强韧性。

13. 左蹬脚

【口令】四

【动作】右臂屈肘护头，拳心朝上，左拳伸于裆前护裆，拳眼朝前；右脚不动，左脚用脚跟向左侧平伸蹬出；目视左脚（图5-186）。

图5-186

【要领】上身在蹬脚时要略向左转，右腿必须挺直，左腿蹬直，脚尖上翘。

【功效】主要发展髋部肌腱和股二头肌、半膜肌、小腿三头肌等。

14. 右蹬脚

【口令】五

【动作】①左脚向前落步，脚尖外撇；②上身从右向左后转；左拳在转身后由左侧上举，屈肘护头；右拳下栽裆前护裆；③右脚向右侧平伸蹬出（图5-187）。

要领和功效同上。

图5-187

15. 弓步冲拳

【口令】六

【动作】①右脚向前落步，成右势弓箭步；左拳拳心向里，由头上屈肘做挎物状落于胸前，右臂也同时屈肘做挎物状，右拳由下向上挎于胸前；②两拳同时由胸前向前后平伸冲出，拳眼朝上（图5-188）。

【要领】落步变弓箭步时，先成马步状，将两拳收于胸前，然后左腿用力一蹬成弓箭步，同时两拳向前后冲出。

图5-188

16. 马步挑击

【口令】一

【动作】左脚不动，右腿屈膝提起，上身右转正对功力拳的起势力向（正东方向）；右拳变掌，掌心朝上，屈肘，以掌背略击右腿；左拳随上身的转动，向左侧平伸（图5-189）。

【口令】二

【动作】①右脚向右侧伸出落步．右腿伸直；右掌臂内旋，以掌心附于右腿前；左腿屈膝，上身左转，形成左势弓箭步；左拳不动（图5-190）；②左臂屈肘，左拳向上、向里收至右肩处，右掌直臂向左前方挑起；③上身右转，变为马步；左拳成俯拳，由右肩处向左平击；右掌收至左肩处，五指朝上，为正立掌，右臂胸前屈肘；目视左拳方向（图5-191）。

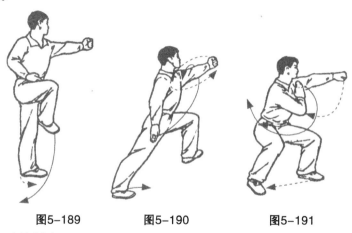

图5-189　　　　图5-190　　　　　图5-191

17. 败势斜击

【口令】三

【动作】①右掌向下、向右后方斜举，变成反钩手；②左脚向右脚靠拢，两腿直立；左拳变掌，随左脚并步，从左向右肩部抄起，五指朝上，为正立掌（图5-192）。

【口令】四

【动作】①左脚仍向左跨出一步，左腿屈膝；左掌变拳由右肩处上举，并向左前方劈下；②右脚向左侧上步，身体左转；右钩手变拳，并由上向前砸下；（3）左腿屈膝，右腿挺直，上身向左侧倾斜；右拳臂内旋使拳眼朝下，形成反拳斜伸于右腿上方；左拳同时变正立掌，附在右肩前；目向右侧注视（图5-193）。

图5-192　　　　　　　　　图5-193

【要领】①口令四的动作，必须在同一时间进行，要快，要一致；②败势的左腿屈膝同于骑马势，而右腿挺直则同于弓箭势．左肘要贴拢胸腹部，脸转向右侧。

【功效】主要发展冈上肌、三角肌、冈下肌、大圆肌、肩胛下肌及腿的肌肉。

18．弓步冲拳

【口令】五

【动作】①右腿屈膝成马步状；左掌变拳和右拳一同置于胸前．两臂弯曲，肘关节贴于腹部；②左腿猛伸，变成右势弓箭步；两拳随即向左右两侧平击。拳眼朝上，均为直拳；目视右拳方向（图5-194）。

图5-194

19．马步挑击

【口令】一

【动作】与前述的马步挑击动作的口令一相同，唯方向相反，此动朝北（图5-195）。

【口令】二

【动作】和前述的马步挑击动作的口令二相同，唯方向相反，此动朝北（图5-196—图5-198）。

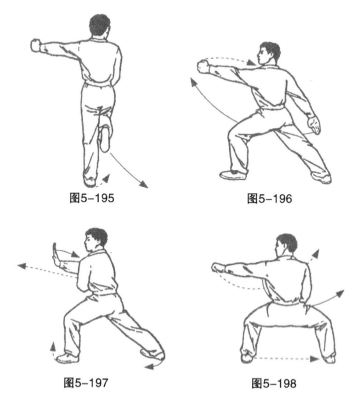

图5-195　　　　　　　　　　图5-196

图5-197　　　　　　　　　　图5-198

20. 三环套月（一）

【口令】三

【动作】①右掌变反钩手向右侧斜举；②左脚向右脚并拢，两腿直立；左拳变正立掌，抄向右肩；目视左前（图5-199）。

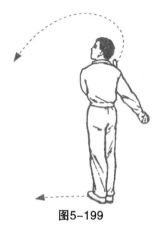

图5-199

【口令】四

【动作】①左脚向左侧上一步，左腿屈膝；左掌变拳，由右肩处向上、向左劈下（图5-200）；②右脚上步，身体左转，右腿屈膝，左腿伸直；右钩手变拳随右脚上步向前砸下，而左拳由前下沉绕向后方举起（图5-201）；③右拳继续下沉，由前下方屈肘绕至胸前，而左拳则继续上举，屈肘绕至头部，两拳心皆朝里（图5-202）；④左拳下落绕向左侧后方，反拳斜举，拳眼朝下；右拳拳眼朝上，由胸前向右前方平击；目视右拳方向（图5-203）。

图5-200　　　　　　　　　　　图5-201

图5-202　　　　　　　　　　　图5-203

【要领】三环套月是两臂的回环动作，分二部进行。第一部即口令三的钩手、抄手与并步，要先钩手然后再抄手并步，不能一起做。第二部即口令四的两拳回环，两拳回环要依次连贯进行，不能中途停顿。

【功效】训练肩关节的外展、内收、屈伸、旋内、旋外的种种动作；扩展运动范围；增强喙肩韧带、三角肌、冈下肌、大圆肌、肩胛下肌、肱桡肌、桡侧副韧带、桡骨环状韧带等肌腱和韧带的坚韧性。

21. 三环套月（二）

【口令】一

【动作】右拳臂先内旋使拳眼朝下，接着变为反钩手；右脚以前脚掌碾地，使脚跟向外磨，并挺膝直立；左脚向右脚靠拢；左拳变为正立掌，由下向右肩部抄起，五指朝上，掌心朝右；目视左方（图5-204）。

图5-204

【口令】二

【动作】①左脚向左侧上一步，左腿屈膝；左掌变拳，由右肩上举，并向左劈下（图5-205）；②右脚上步，身体左转，右腿屈膝，左腿伸直；右钩手外旋变拳，使拳心朝上，并随右脚的上步向前砸下，而左拳由前下沉绕向后方举起（图5-206）；③左拳向上，右拳向下，两臂屈肘内收，两拳置于胸前，接着向左右绕环伸出，左拳眼朝下，成反拳，右拳眼朝上，成直拳；目视右拳方向（图5-207）。与三环套月（一）完全相同，唯方向相反，此动朝北。

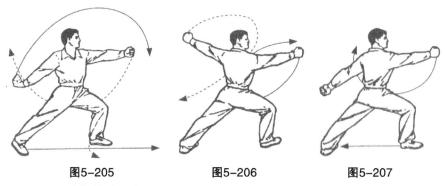

图5-205　　　　图5-206　　　　图5-207

22. 三环套月（三）

【口令】三

【动作】左拳不动；右脚向左脚靠拢；右拳变掌向左肩处抄起，五指朝上，掌心朝左。这个动作与上述的三环套月（二）口令一的动作相反；上述的是左脚向右脚靠拢，左拳变掌抄至右肩，而这里是右脚向左脚靠拢，右拳变掌抄至左肩。

【口令】四

【动作】右脚向右上步，右腿屈膝；右掌变拳，由左肩上举，并向右劈下；左脚上步，身体右转，左腿屈膝，右腿伸直；左钩手外旋变拳随左脚上步向前砸下，而右拳下沉后举；两拳收至胸前，并向左右绕环伸出（图5-208）。此动作与上述的三环套月（二）口令二的动作完全相同，唯方向相反，左拳眼朝上，右拳眼朝下。

图5-208

23. 三环套月（四）

【口令】五

【动作】右拳不动，左脚向右脚靠拢，左拳变掌，抄至右肩处，与三环套月（二）的口令一的动作完全相同。

【口令】六

【动作】和三环套月（二）的口令二相同（图5-209）。

图5-209

24. 弓步双冲（一）

【口令】一

【动作】同前述的弓步双冲口令一。依图5-209的虚线将左脚向右脚靠拢，左拳变掌随左脚并步抄向右肩，右拳内旋下落，使拳眼朝下，变成反钩手，斜举于右侧（图5-210）。

图5-210

【口令】二

【动作】①左脚向左跨出一步，左腿屈膝；左掌仍变拳由右肩处上举，并向左劈下；②右脚上步，身体左转；右钩手仍变拳，由卜向右砸下，左拳收于左腰侧，两腿屈膝成骑马势；③右拳收于右腰侧，形成双拳抱腰。与第10式的弓步双冲（右）15令二的动作完全相同，可参考图五177—图5-179，但图面是相反的。

【口令】三

【动作】①左脚以前脚掌碾地，右脚以脚跟碾地，使上身右转，变成右势弓箭步；②两拳由腰际同时向前平击，拳心朝下，均为俯拳（图5-211）。

图5-211

25. 弓步双冲（二）

【口令】一

【动作】①左拳由身前下沉，向身后反臂斜举成反钩手（图5-212）；

②右脚收回向左脚并拢，两腿直立；右拳变正立掌，由身前下沉，随右脚收回向左肩抄起（图5-213）。

图5-212　　　　　　　　　　图5-213

【口令】二

【动作】右脚向前跨出一步，右腿屈膝；右掌变拳，向前劈下；左脚上步，身体右转；左钩手变拳并向前砸下，右拳收于右腰侧，两腿屈膝成马步；左拳此时也收于左腰侧。

【口令】三

【动作】换脚做弓步双冲（一）15令三的动作，唯动作左右相反（图5-214）。

图5-214

26. 弓步双冲（三）

【口令】一

【动作】①右拳向身后反臂斜举，变成反钩手；②与弓步双冲（二）口令一相同。

【口令】二

【动作】与弓步双冲（一）口令二相同。

【口令】三

【动作】与弓步双冲（一）口令三相同（图5-215）。

图5-215

27. 马步挑击

【口令】一①左拳下沉向左平举，变成直拳；上身随之左转，两腿屈膝成骑马势（图5-216）；②右拳变掌下沉，随右臂屈肘向左侧上挑；左臂屈肘，使拳心朝后，举于左肩边（图5-217）；③左拳依图5-217的虚线由右手下面向左平击，拳心朝下；右掌收至左肩前，五指朝上，成为正立掌（图3五-218）。

图5-216　　　　　　图5-217　　　　　　图5-218

28. 马步搌击

【口令】二

【动作】①左臂屈肘内收，左拳由下向里挽臂（图5-219）；②右掌向左肩外侧推出，接着变拳下沉，收至右腰侧，拳心朝上；左拳向左平击，拳心朝下；目视左拳方向（图5-220）。

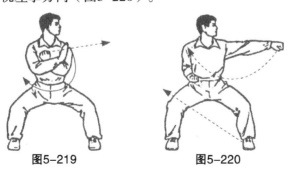

图5-219　　　　　　图5-220

29. 歇步栽拳

【口令】三

【动作】右腿直立，左腿屈膝提起；右拳不动，左拳变掌，随左腿的提膝向下绕环至右肩前（图5-221）。

图5-221

【口令】四

【动作】①左脚向左落步，左掌向上、向左绕环落至侧平举部位；右脚离地，右拳向右直伸（图5-222）；②左脚蹬地跳起，右脚向前跃步，身体左转；左掌放在右肩处，右拳放在右耳际（图5-223）；③右脚先落地，左脚做偷步，两腿屈膝下蹲，成右歇步；右拳从耳际向右下方伸直栽击；目视右侧（图5-224）。

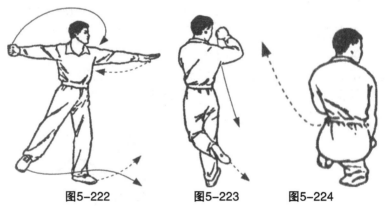

图5-222   图5-223   图5-224

【要领】①当左拳变掌绕向右肩时（口令三），目光要随左掌移动，直到口令四左掌由右肩上举并向前下落时为止。②口令四的三个分解动作要连贯进行。③歇步栽拳时，臀部要落坐在左脚跟上，挺胸直腰，左肘贴拢胸腹。

【功效】主要发展肌肉的弹力。

30. 翻身劈拳

【口令】五

【动作】①左掌由右肩处下沉，经右膝向左反臂回环，同时两腿直立（图5-225）；②两脚以前脚掌碾地，使上身从左向后翻转；左掌同时继续向上回环，右拳随身翻转仍在身右侧（图5-226）；③右脚向东上步，身体左转，两腿屈膝成马步；左掌变拳收于左腰侧，右拳随右脚上步由右侧上举，做直拳向前劈砸；目视右拳方向（图5-227）。

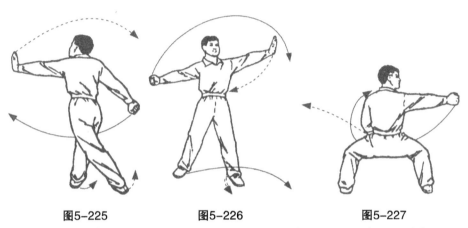

图5-225　　　　　　图5-226　　　　　　图5-227

【要领】①翻身并不等于转身，因此两腿直立时，上身要向前倾，以身为轴，腰部翻滚，不要像向后转那样只是转而没有翻。②上述动作必须连贯起来做。

【功效】由于有翻身和直臂回环动作，所以能发展前锯肌、背阔肌、腹外斜肌，同时也能发展腿部肌肉。

31. 马步挑击

【口令】一

【动作】同第27式马步挑击（图5-228）

图5-228

32. 马步搂击

【口令】二

【动作】同第28式马步搂击（图5-229）。

图5-229

33. 败势斜击

【口令】三

【动作】右腿直立，左腿屈膝提起；右拳不动，左拳变掌，随左腿提膝向下沉绕至右肩，成正立掌；目视左侧（图5-230）

【口令】四

【动作】①左脚仍向左跨出一步，左腿屈膝；左掌由右肩上举向左下落，右拳由腰际斜伸于右腿侧旁；②右脚上步，身体左转；右拳上举向右砸下；③左腿屈膝，右腿挺直；右拳臂内旋，使拳眼朝下，反臂斜举于右腿上方，左掌收在右肩处；目视右侧（图5-231）。

要领与功效和前述的第17式败势斜击相同。

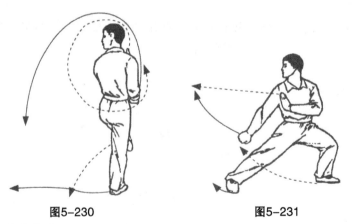

图5-230   图5-231

34. 跳步击拳

【口令】五

【动作】①两腿立起，以右脚掌碾地，使上身右转，左腿屈膝提于身前；右臂屈肘上抬，左掌在身前迎拍右拳背（图5-232）；②右脚蹬地跳起，左脚向前跃进落步，右腿屈膝提起；右拳变掌击拍右膝，．左掌变拳举在头顶上面，拳心朝前（图5-233）；③右脚向前跨一步，身体左转，两腿屈膝为骑马势，左拳臂外旋变仰拳，收于左腰侧，右掌变俯拳向右平击；目视右拳方向（图5-234）。

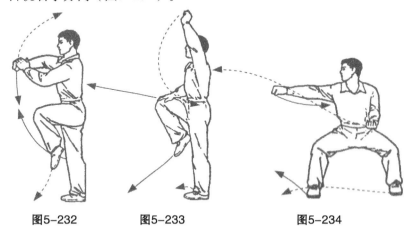

图5-232　　　　图5-233　　　　　　图5-234

【要领】做跳步、击拍、击拳三个动作要迅速而连贯。【功效】发展腿部肌肉和弹跳力。

35．扣腿穿喉

【口令】一

【动作】①右拳变掌，右臂外旋，使掌心朝上，成为仰掌；左脚向右侧上一步，身体右转；左拳变仰掌，由腰际从右掌心上方向前穿出，掌心朝上；右掌收于左腋处；右腿屈膝，使脚背扣在左膝后面；目视左掌（图5-235）。

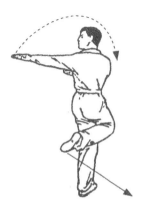

图5-235

36. 挑腕撩掌

【口令】二

【动作】①左腿屈膝下蹲，右腿立刻向右侧伸出平铺，成右仆步，上身右倾；右掌竖起，在左肩外侧为正立掌；左掌上举，从右上方落于右肩外侧，也为正立掌（图5-236）；②左腿伸直，右腿屈膝，变为右势弓箭步；左掌从右肩外下沉，变为反钩手，向左后方伸出；右臂直臂向右上撩起，右掌向前挑腕成侧立掌；目视右掌方向（图5-237）。

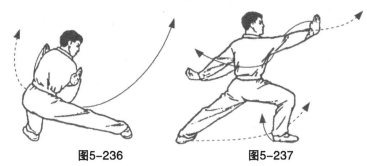

图5-236　　　　　　　　图5-237

【功效】发展上肢的掌长肌、指浅屈肌、尺侧腕屈肌、桡侧腕屈肌、肱桡肌、三角肌和肱三头肌以及下肢的股直肌、股内肌、胫骨前肌和腓肠肌等。

37. 扣腿双穿喉

【口令】三

【动作】①右掌臂外旋，掌心朝上；左钩手也变仰掌，收至左腰侧；②左脚向前跨一步，身体右转；左掌由右掌心上方向前穿出，右掌收于左腋下；右脚扣于左膝后面；目视左掌；与前述的扣腿穿喉动作相同；③右掌从左腋向右侧穿出，两掌心皆朝上；目转视前方（图5-238）。

图5-238

38. 托掌冲拳

【口令】四

【动作】①右脚向右落步，两腿屈膝变成骑马势；左掌上举，由仃侧屈肘落于右肩前，五指朝上，掌心朝右，成正立掌（图5-239）；②右掌向上、向左、向下、向右绕环，屈肘托于头部上方，五指朝左；左掌变拳由右肩处向左平击，拳心朝下；目视左拳（图5-240）。

图5-239　　　　　　　　　　图5-240

39. 立定收势

【口令】立定

【动作】左脚离地向右脚并拢，两腿直立，右脚以前脚掌碾地，使上身左转向东；左拳变掌与右掌同时垂在大腿两侧；目视前方（正东）（图5-241）。

图5-241

功力拳的内容，多数动作是单臂或双臂的回环，如左右弓步横击、分掌并步、抢臂上冲、左右三环套月、左右弓步双冲、托掌冲拳等，但对下肢的踢腿动作，仅有左右蹬脚，不像弹腿那样多。这个特点使它和弹腿共同承担了全面发展身体的 基本任务，为进一步练习其他拳术或器械奠定了良好的基础。

四、短打

（一）短打拳动作名称

第一段

1. 预备姿势　　2. 弓步撩掌　　3. 提膝挑掌　　4. 马步挎肘

5. 马步架打　　6. 护头架打　　7. 仆步单鞭　　8. 提膝穿掌

9. 马步挎肘　　10. 弓步冲拳（左）　　11. 弓步冲拳（右）

12. 并步立定

第二段

13. 弓步撩掌　　14. 弹踢　　15. 马步挎肘　　16. 弓步冲拳（左）

17. 弓步冲拳（右）　　18. 弓步冲拳（左）　　19. 弓步冲拳（右）

20. 并步立定

第三段

21. 搂膝推掌　　22. 虚步推掌　　23. 提膝托掌　　24. 弓步撩掌

25. 踏步腾空飞脚 26. 并步立定

第四段

27. 三环套月　　28. 提膝挎肘　　29. 马步挎肘　　30. 弓步冲拳（左）

31. 弓步冲拳（右）　32. 挑拳提膝　33. 跃步双扑　34. 弓步撩掌

35. 踏步腾空飞脚　　36. 转身护胸掌　　37. 提膝回环手　38. 弓步推掌

39. 并步钩手

第五段

40. 弓步架打　　41. 踏步仆腿下击　　42. 马步进肘　　43. 马步托肘

44. 马步环肘　　45. 并步垂拳　　46. 马步劈拳

第六段

47. 弓步冲拳（左）　　48. 弓步冲拳（右）　　49. 弓步冲拳（左）

50. 回身冲拳　　51. 提膝抄掌　　52. 跳步提膝　　53. 搂膝弓步冲拳

54. 虚步打虎势　　55. 并步收势

（二）短打拳动作图解

1. 跨虎

第一段

1. 预备姿势

（1）跨虎

【口令】短打预备——一

【动作】①站好立正姿势（图5-242），右臂自右侧向上屈肘举起，掌心朝上；左臂屈肘，左手放在腰前，掌心也朝上（图5-243）；②右手经面前下落，同时左手经右手背向左上穿出，右手下落在左腋前（图5-244）；③左手继续向左下方绕环，至身后斜举成反臂钩手；右手同时由左腋处下沉，向右上方抄掌，屈腕举在头顶上，掌心朝上；此时右腿屈膝下蹲，左腿向前伸出，以脚尖外侧点地，膝部微屈；目视左方（图5-245）。

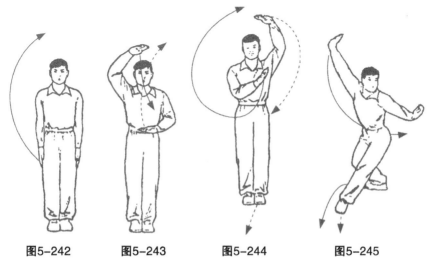

图5-242　　　　图5-243　　　　图5-244　　　　图5-245

【要领】①这里的两臂动作是回环运动，所以上述的动作必须连贯进行。②身体的重心必须落在右腿上，左脚虚点地面；右手屈腕要稍用劲，左反钩手也要稍稍用劲屈腕，左臂尽量后举；要挺胸塌腰，不能因左臂的后举而驼背拱腰。③两眼在右手上举时，注视右手；在左手上穿时，注视左手；右手向右抄掌时，视线随右手绕环；在成跨虎姿势时，脸向左转，目视左方。

【功效】主要发展上肢的二头肌、三角肌、腕肌、背阔肌、胸大肌和下肢的臀大肌、股二头肌、缝匠肌、腓肠肌、胫骨前肌。

（2）并步双钩

【口令】短打预备——二

【动作】左脚向前跨进一步，右脚跟上与左脚并拢，两腿直立；左钩手不动，右掌在并步时，即由身前下降，并向身后屈腕反举，也成反钩手（图5-246）。

图5-246

【要领】要挺胸、收腹、塌腰，肩向外展，呼吸正常；两臂伸直，两腕用劲屈。

【功效】主要发展斜方肌、三角肌、肱三头肌、肱二头肌、桡侧腕屈肌、尺侧腕屈肌，并能帮助胸部扩展。

（3）托掌

【口令】短打预备——三

【动作】两脚不动；右钩手变掌由身后向右上方直臂举在头顶上，屈腕托掌，掌心朝上；左钩手变掌由身后向左、屈肘经面前收在右腋处，翘腕直立，成正立掌，五指朝上，掌心朝右（图5-247）。

【要领】右掌上托时，必须抖腕；左肘要贴靠胸前；目仍视左方。

图5-247

2. 弓步撩掌

【口令】短打第一段——一

【动作】①右腿屈膝全蹲，左腿向左伸出，成左仆步，脚尖向里扣；右掌由上向左肩外侧下落，翘腕成正立掌；此时两臂在胸前交叉，右手落在左臂外面（图5-248）；②右腿伸直，右脚脚尖里扣；左脚以脚跟碾地，使脚尖转向左方，左腿屈膝为左势弓箭步；右掌从左肩外侧下沉，向右后方反臂斜举为反钩手；左掌自右腋下外旋变掌心朝上，向左前方挑腕撩掌，成为侧立掌（图5-249）。

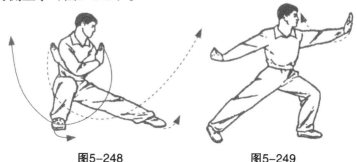

图5-248　　　　　　　　　　图5-249

【要领】在仆步时，上身要向前略倾，不可拱背撅臀。在弓步时，身体重心落在两腿之间，不要偏向左侧。

【功效】发展上肢的三头肌、三角肌、桡侧腕伸长肌和下肢的股直肌、胫骨前肌、腓骨长肌、比目鱼肌以及臀大肌、阔筋膜张肌、腰背筋膜肌、腹外斜肌和背阔肌等。

3. 提膝挑掌

【口令】二

【动作】①上身向前俯；左掌臂内旋，使拇指朝下成反掌，并向左横扫；头也转向左侧，目视左掌（图5-250）；②左掌向右直臂挑腕撩起，成侧立掌平举；上身也右转，面向正南方，右脚以前脚掌碾地，帮助身体右转，左腿同时离地向身前屈膝提起，左脚脚面绷平，脚尖朝下；右钩手不动（图5-251）。

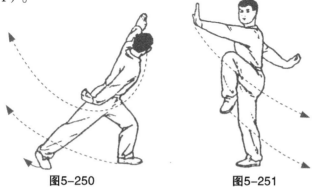

图5-250　　　　　　　　　　图5-251

【要领】①上述两个动作要连贯进行，不要停顿。②提膝时，右脚除用脚掌碾地使脚跟转向正后方外，不可挪动；提膝后，左膝要尽量上提，脚面绷平。③在单腿独立平衡时，不要摇摆不稳。

4. 马步挎肘

【口令】三

【动作】①左脚向左落步，左掌变反掌由身前向左下方横扫，身体左转（图5-252）；②右脚向前跨步，上身再向左转面向北方，两腿屈膝为骑马势；左掌变拳在右脚跨步时，屈肘收于左腰侧；右钩手变拳，由身后向身前屈肘上冲，拳心向脸部，像挎东西那样；目视右方（图5-253）。

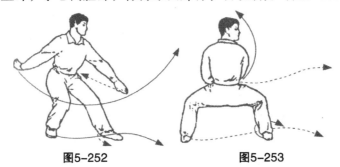

图5-252　　　　　　　　　图5-253

【要领】①以上两个动作要连贯进行，不要停顿。②骑马势时的两膝要外展，脚尖要里扣，以免形成八字脚；胸要挺，腹要收，腰要塌，免得凸肚撅臀；不要只以胸部呼吸。

【功效】主要发展下肢的肌腱。

5、马步架打

【口令】四

【动作】右脚以前脚掌碾地，左脚向右侧上一步，身体向右后转，又面对正南方，两腿屈膝为马步；右拳在左脚上步时，使前臂内旋，并屈肘横架头上；左拳在马步形成后由腰际向左侧平击，成俯拳；目视左拳方向（图5-254）。

图5-254

【要领】右肘要向后展，以扩展胸部。

【功效】除能发展下肢肌肉外，还能发展背阔肌、斜方肌、菱形肌、肩胛提肌。

6. 护头架打

【口令】五

【动作】①右拳从头顶下落，收在右腰侧（图5-255）；②右脚以前脚掌碾地，使脚跟外转，膝部挺直；左脚以脚跟碾地，使脚尖外展，膝部弯曲，变成左势弓箭步，上身左转；左拳变掌，屈肘上举护头；③右拳由腰际向前平击，成俯拳；目视右拳（图5-256）。

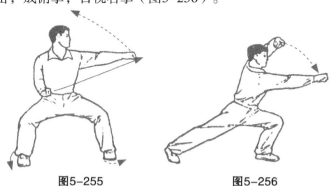

图5-255　　　　　　　　　　图5-256

【要领】①上述②、③两个动作要连贯进行。②弓步护头架打，腰要向左略拧，右肩前送使右拳尽量前伸，但不能因拧腰和送肩而使后脚拔跟或移动，甚至使步势变高。

【功效】发展胸大肌、前锯肌、腹外斜肌、背阔肌和下肢肌肉。

7. 仆步单鞭

【口令】一

【动作】①左掌由头顶下落拍击右拳背；②右拳变掌与左掌一起向下、向内、向上屈腕绕转，使掌心翻向上面（图5-257）；③左腿伸直，右腿屈膝，成左仆步，上身右转；右掌由前向下、向后、向上绕环，屈肘横于头顶上，掌心向上；左掌由前上举，向身后下沉成反钩手，五指撮拢；目视左方（图5-258）。

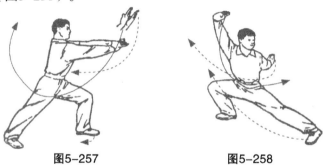

图5-257　　　　　　　　　　图5-258

【要领】横掌、钩手、仆腿三个动作要同时进行，视线随右掌眵动，至形成仆腿单鞭姿势时，目视左侧。左钩手斜举身后要尽量向上，右掌腕部要尽量屈，上身略向左倾，胸要挺。

【功效】主要锻炼腹外斜肌、背阔肌、肱三头肌、肱二头肌、肱桡肌、指浅屈肌、尺侧腕屈肌等，投入仆步工作的下肢肌肉也会得到锻炼。

8. 提膝穿掌

【口令】二

【动作】右腿伸直立起，左腿屈膝提起，左脚脚面绷平，脚尖朝下；左钩手变掌，左臂屈肘由身后从右前臂上穿向身前，屈腕立掌推出；右掌向前落下，当左掌穿过时，向身后反臂举起，成反钩手；目视左前方（图5-259）。

【要领】穿掌、钩手、提膝三个动作要同时进行。

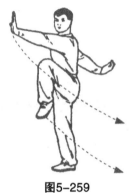

图5-259

9. 马步挎肘

【口令】三

【动作】与前述的由提膝挑掌进入马步挎肘的动作完全相同（图5-260、图5-261）。

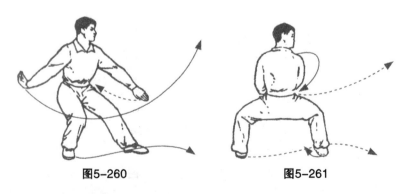

图5-260　　　　　　图5-261

10. 弓步冲拳（左）

【口令】四

【动作】右脚前脚掌碾地，使上身右转，左脚前进一步，左腿屈膝，成为左势弓箭步；右拳在转身时随右臂屈肘收于右腰侧；左拳在形成弓箭步时，由腰际向前平击，成俯拳；目视左拳（图5-262）。

【要领】冲拳时，肩要前送，以助长冲力及冲距；右拳要贴紧月腰际，肩部微向身后牵扯而不要上耸。

【功效】主要锻炼拳臂的冲击力量。

图5-262

11. 弓步冲拳（右）

【口令】五

【动作】右脚向前进一步，右腿屈膝，左腿伸直，成右势弓箭步，身体左转；左拳收至左腰侧；右拳从腰际向前平击，成俯拳；目视右拳（图5-263）。

【要领】同上。

图5-263

12. 并步立定

【口令】立定

【动作】右脚前脚掌碾地，使上身左转，右腿直立，左脚向右脚并拢；左拳变掌，与右拳做弹腿那样的立定动作（图5-264）。

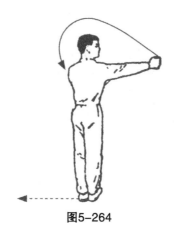

图5-264

第二段

13. 弓步撩掌

【口令】短打第二段——一

【动作】①右腿屈膝下蹲，左腿向左平铺伸出；右拳变掌由右侧上举，形成立掌落于左肩外侧（图5-265）；②右腿伸直，左腿屈膝，上身左转，成左势弓箭步；左掌向前直臂挑腕撩起，成侧立掌，右掌向身后反臂斜举成反钩手；目视左掌（图5-266）。

要领和功效与第一段口令一相同。

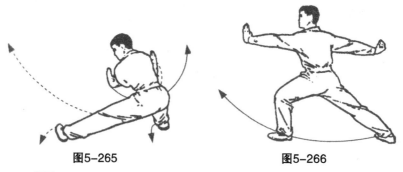

图5-265   图5-266

14. 弹踢

【口令】二

【动作】右脚向前用力弹踢（图5-267）。

【要领】右脚踢出时，要用力，五趾抓紧，脚面绷平，高度以不超过左膝为适宜，左腿仍屈膝，上身略向前倾。

图5-267

【功效】主要发展股二头肌、股直肌、腓骨长肌、腓肠肌、趾长屈肌和拇长屈肌等。

15. 马步拌肘

【口令】三

【动作】右脚落步，左脚前脚掌碾地，使上身左转，两腿屈膝成骑马势；左掌变拳收至左腰际，右钩手变拳由下向上拌肘；眼视右侧（图5-268）。

图5-268

要领和功效与第一段的马步拌肘相同。

16. 弓步冲拳（左）

【口令】一

【动作】左脚向右上一步，左腿屈膝，右腿挺直，成左势弓箭步；身体右转；右拳收至右腰侧；左拳向前平击，成俯拳；目视左拳（图5-269）。

图5-269

要领和功效与第一段的弓步冲拳（左）相同。

17．弓步冲拳（右）

【口令】二

【动作】右脚向前上一步，身体左转，成右势弓箭步；左拳收回，右拳冲出（图5-270）。

要领和功效与第一段的弓步冲拳（右）相同。

图5-270

18．弓步冲拳（左）

【口令】三

【动作】左脚向前上一步，身体右转，成左势弓箭步；右拳收回，左拳冲出（图5-271）。

图5-271

19．弓步冲拳（右）

【口令】四

【动作】右脚向前上一步，身体左转，成右势弓箭步；左拳收回，右拳冲出；目视右拳（图5-272）。

图5-272

20. 并步立定

【口令】立定

【动作】和第一段的并步立定相同，可按图354的虚线和实线的力'向进行（图5-273）。

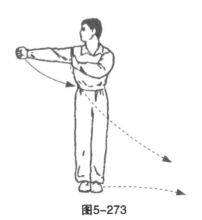

图5-273

第三段

21. 搂膝推掌

【口令】短打第三段——一

【动作】①右腿屈膝下蹲，左腿挺直向左侧平铺伸出，成左仆腿势；右拳收至右腰侧；左掌拇指朝下，成反掌，在左腿伸出时，由右肩处向前、向左经过左膝前横搂，上身向左倾（图5-274）；②左掌继续横搂，随左臂屈肘收在左腰侧；此时右腿挺直，左腿屈膝，成左势弓箭步；右拳变掌，由腰际向前推出，掌心向左，成侧立掌；目视右掌（图357）。

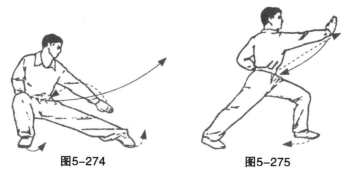

图5-274   图5-275

【要领】弓步时，前推之掌五指朝上，腰际之掌五指朝下。

【功效】主要发展股直肌、腓骨长肌、胫骨前肌、髂腰肌、阔筋膜张肌、肱二头肌和腹外斜肌。

22. 虚步推掌

【口令】二

【动作】右腿屈膝半蹲，左脚向后收回半步，脚尖点地，左腿略屈膝，成左虚步；右掌向后收至右腰侧，变正倒掌；左掌由腰际向前推出，成侧立掌；目视左掌（图5-276）。

图5-276

【要领】①屈腿、收步、推掌、收掌四个动作必须同时进行。②虚步时，身体重心落在右腿左脚尖虚点地面，右掌五指并拢朝下，左掌五指并拢朝上。步变虚步时，右腿只是屈膝，右脚不要前移。

【功效】主要发展臀大肌、股二头肌、缝匠肌、胫骨前肌、腓、桡侧腕长伸肌和指总伸肌。

23. 提膝托掌

【口令】三

【动作】右腿立直，左腿屈膝挺在右腿前面；左掌向裆前下沉做护裆状；右掌向右、向上伸起，掌心向上，横在头顶上；目视左方（图五277）。

图5-277

【要领】①提膝和两掌动作必须同时进行。②左掌护裆；腕部仍屈，右掌在头顶成横掌，右肘略屈。③左脚面要绷直，脚尖下垂。膝尽量向上提。

【功效】发展前锯肌、三角肌和腕肌等。

24. 弓步撩掌

【口令】四

【动作】①右腿屈膝下蹲，左脚向左伸出，左腿平铺；左掌收至右腋外侧，右掌落至左肩外侧，两臂在胸前交叉（图5-278）；②两腿变左势弓箭步；右掌变钩手，向身后反臂举起；左掌向身前挑腕撩起，成侧立掌；目视左掌（图5-279）。要领和功效同前述的弓步撩掌。

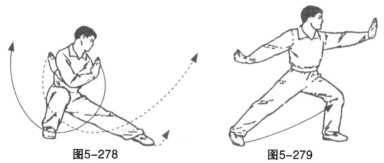

图5-278　　　　　　　　　　图5-279

25. 踏步腾空飞脚

【口令】五

【动作】①左脚不动，右脚前移，右腿屈膝提起（图5-280）；②右脚在左脚侧跺脚踏步（图5-281），左脚在右脚踏步时向前跨一步（图

5-282）；③右脚向前跨一步（图5-283）；④左脚向前摆起，右脚蹬地跃起腾空；右钩手变拳向前举起，左掌拍击右拳拳背（图5-284）；⑤在空中，右脚向前飞踢；右拳变掌迎击右脚脚面；左掌变钩手，伸向左侧斜后方，五指朝下，成正钩手；目视拍脚前方（图5-285）。

【要领】动作要快、高、响。

【功效】主要锻炼速率、弹性及飞踢的力量，提高神经中枢与肌肉活动之间的协调能力。

图5-280   图5-281   图5-282

图5-283   图5-284   图5-285

26. 并步立定

【口令】立定

【动作】①先左脚落地，左腿略屈膝；后右脚落地，伸在左脚前面；左钩手不动，右手前伸，掌心向下（图5-286）；②左脚向右脚并步，左钩手变掌，右掌变拳，做立定动作；目视右拳（图5-287）。

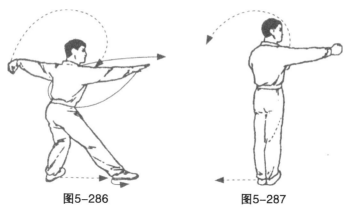

图5-286　　　　　　　　　图5-287

第四段

27．三环套月

【口令】短打第四段——一

【动作】①左脚向左侧出步；左掌变拳由右肩处上举，并向左劈下，上身随之左转（图5-288）；②右脚向前跨一步，上身在上步时继续左转；左拳下沉后举，右拳向前砸下（图5-289）；③左拳继续上举，左臂内旋屈肘使拳眼向后上方；右拳继续下沉，随右臂向胸前屈肘拚起（图5-290）；④右拳向前冲出，左拳向后冲出，拳眼均向上；目视右拳（图5-291）。此动作与功力拳之三环套月相同，但两拳的拳眼均朝上。

图5-288　　　　　　　　　图5-289

图5-290　　　　　　　　　图5-291

【要领】两拳回环时，肩关节必须放松。

【功效】主要锻炼肩关节的滑润与灵活性。

28. 提膝挎肘

【口令】二

【动作】右拳收至右腰侧；右腿伸直立起，左腿屈膝提在身前；左拳在身前挎起上冲，左臂胸前屈肘；目视左方（图5-292）。

图5-292

【要领】①上述动作要同时进行。②提膝要高，右肘要向后拢，左拳拳心向面部。

【功效】同前述的挎肘和提膝等动作。

29. 马步挎肘

【口令】三

【动作】①左脚向左侧落步，两腿稍做屈膝，上身略向左转；左拳变反掌，由身前向左下方横扫（图5-293）；②右脚向前跨一步，上身继续左转，两腿屈膝成骑马势；左掌仍变拳，在右脚跨步时收于左腰侧；右拳在变为骑马势时向身前屈肘上冲，拳心朝向面部；目视右方（图5-294）

要领和功效同前述的马步挎肘。

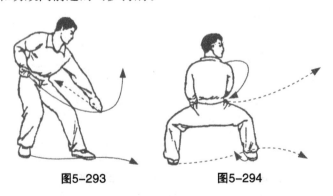

图5-293   图5-294

30．弓步冲拳（左）

【口令】四

【动作】右脚前脚掌碾地，使上身右转，左脚向前上一步，左腿屈膝，右腿伸直，成左势弓箭步；右拳在转身时收至右腰侧；左拳在上步时向前平击，成为俯拳；目视左拳（图5–295）。

要领和功效同前述的弓步冲拳。

图5–295

31．弓步冲拳（右）

【口令】五

【动作】右脚上步，身体左转，右腿屈膝，左腿伸直，成右势弓箭步；左拳收至左腰侧；右拳在上步时从腰际向前平击，成俯拳；目视右拳（图5–296）。

图5–296

32．挑拳提膝

【口令】一

【动作】①右脚前脚掌碾地，使上身左转，右腿屈膝下蹲，左腿下铺；右拳不变，左拳由腰际伸向左脚尖，拳心向下；上身向瑚侧倾斜（图5–297）；②右腿伸直，左腿屈膝，变成左势弓箭步；左拳由前上举，拳眼朝后；右拳经下前伸至左脚侧旁，拳眼向前；上身前俯（图5–298）；③上身直起，左拳向后回环，至后下方时，随左臂屈肘收在左腰侧；左脚蹬地，左腿屈膝提起，成提膝独立；右拳上举，拳眼向后；目视前方（图

5-299）。

图5-297   图5-298   图5-299

【要领】三部分解动作要连贯进行，提膝独立时，右脚不可移动

【功效】主要锻炼平衡器官。

33．跃步双扑

【口令】二

【动作】①左脚向前落步，右脚离地；左拳变掌由腰际向后下方伸直；右拳也变掌；向前、向下、向后绕环，至后下方伸直，两掌掌心相对（图5-300）；②左脚蹬地跳起，右脚趁势向前跃出；在空中，两掌由两侧上举，身向右转（图5-301）；③右脚先落地，左脚随后向左落地，右腿屈膝，左腿平铺伸直，成左仆步势；两掌由上向身前落下扑地；目视两掌（图5-302）。

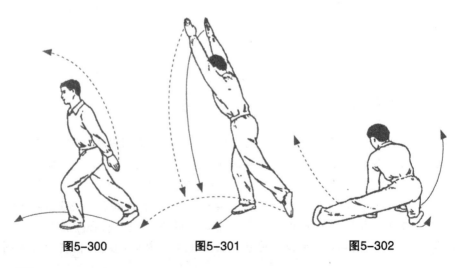

图5-300   图5-301   图5-302

【要领】前跃要远，肩要放松，跃时上身要前冲。

【功效】锻炼弹跳力及活动肩关节。

34. 弓步撩掌

【口令】三

【动作】右腿挺直，左腿屈膝，成左势弓箭步；右掌变钩手向后反臂斜举，左掌向前挑腕撩起；目视左掌（图5-303）。

图5-303

35. 踏步腾空飞脚

【口令】四

【动作】同前述的踏步飞脚（图5-304）。

图5-304

36. 转身护胸掌

【口令】五

【动作】踏步飞脚落地时，依照图5-305，以左脚前脚掌为轴，从左向右转，两腿屈膝成骑马势；右掌随身转动，在马步形成时，随右臂屈肘成环形护于脸前；左钩手在转身后也变掌，随左臂屈肘成环形护于胸前，两掌掌心均向外，拇指朝下；目视前方（图5-306）。

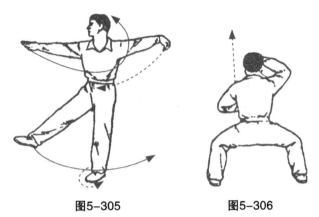

图5-305 图5-306

【要领】转身时右脚要主动向左后方转、跨，以协助上身的左后转。

【功效】能够锻炼前庭器官，以便保持在旋转时身体的稳定性。

37. 提膝回环手

【口令】一

【动作】①左掌臂外旋使掌心向内，从右掌里面朝上直臂穿举；右掌臂外旋屈肘向下收在左腋处，右肘贴靠胸腹（图5-307）；②左掌臂内旋向左、向下回环，变反钩手斜举于身后；右掌向下、向右、向上回环，屈腕横举于头顶上，掌心向上；右腿直立；左腿屈膝提起，脚尖朝下，脚面绷平；目视左方（图5-308）。

【要领】左掌上穿时，目光注视左掌；左掌变掌心向左回环时改视右掌，并随右掌移动，右掌在头上横架时，目视左侧。【功效】主要锻炼肩关节和胸锁乳突肌。

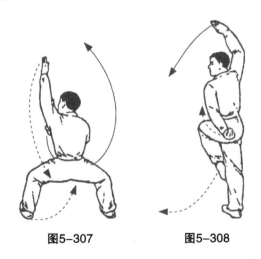

图5-307 图5-308

38. 弓步推掌

【口令】二

【动作】①左脚向左落步，左腿屈膝，变成左势弓箭步，上身左转；右掌向前落下，成立掌平举于胸前；左钩手变掌，收于左腰侧（图5-309）；②左掌从右手背上向前推出，变成立掌；右掌收于右腰侧，成正倒掌；目视左掌（图5-310）。

图5-309　　　　　　　　图5-310

39. 并步钩手

【口令】三

【动作】左脚前脚掌碾地，使上身从左向后转向正面，右脚离地，在转身后向左脚并拢；同时右掌从左手背上穿出，变正钩手，钩尖向下，平举右侧；左掌在右掌穿出时，随左臂屈肘收于右腋下，和立定姿势相同，但右手是钩手；目视右方（图5-311）。

图5-311

第五段

40. 弓步架打

【口令】短打第五段——一

【动作】①右腿屈膝下蹲，左腿向左平铺伸出；右钩手变拳，随右臂屈肘收在右腰侧；左掌翘腕横掌，向左下方伸出（图5-312）；

②右腿挺直，左腿屈膝，变为左势弓箭步，上身左转；左掌向上举起护头；右拳由腰际向前平击，成俯拳；目视右拳（图5-313）。

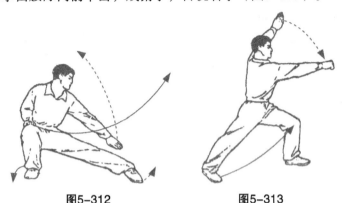

图5-312　　　　　　　　　　　　　图5-313

【要领】腰要塌，胸要挺，右肩向前送，左肩向后牵，后脚不要拔跟，身体姿势不要变高。

【功效】主要发展股直肌、股内肌、股外肌、胫骨前肌、腓骨长肌、比目鱼肌、腹外斜肌和背阔肌等。

41．踏步仆腿下击

【口令】二

【动作】①右腿屈膝，提在左腿内侧，左腿膝部的弯度加大；左掌从身前下落拍击右拳（图5-314）；②右脚在左脚旁用力跺脚踏步，右腿屈膝下蹲；左腿向前平铺伸出，成左仆步，上身右转；右拳收至右腰侧；左掌变拳向左脚处击出，拳心向下；目视左拳（图5-315）。

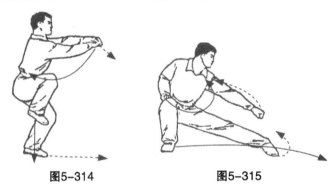

图5-314　　　　　　　　　　　　　图5-315

【要领】①踏步、铺腿、收拳、击拳等动作要同时进行。②仆步时，上身要向前探。

【功效】主要发展肱二头肌、肱三头肌、背阔肌、胫骨前肌、腓骨诸肌、股薄肌和股二头肌。

42．马步进肘

【口令】三

【动作】两腿立直，右脚向左跨一步，上身从左向后转，两腿屈膝，成骑马势；右肘随转身向前击打；左拳变掌，在身前迎阻右肘（图5-316、图5-316附图）。

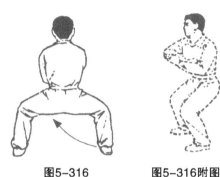

图5-316　　　　图5-316附图

【要领】右肘击打要用力，左掌迎阻只是被右肘击打而不是去打右肘。

43．马步托肘

【口令】一

【动作】①右脚离地提起（图5-317）；②左脚蹬地跳起，上身从右向后转，右脚在转身后落于左脚的原位；③左脚在右脚落地后即落在右脚的原位，两腿屈膝成骑马势；④右肘伸直，使右拳从胸间向上、向前，以拳背朝下压击；左掌掌心向上托住右肘；目视右拳（图5-318）。

图5-317　　　　图5-318

【要领】跳起、转身、马步、压拳几个动作必须同时进行。右拳的高度不要高过鼻端。

【功效】锻炼前庭器官和跳转时保持身体的平衡。

44．马步环肘

【口令】二

【动作】右臂屈肘内收，右拳向上、向内由左前臂下面穿出，向前平击，拳心向下；左掌五指向上，附在右上臂内侧；目视右拳（图5-319）。

图5-319

【要领】这是肘关节的绕环动作，必须顺畅迅速地完成。

【功效】锻炼肘关节的屈伸和旋转，加强环状韧带、内外侧副韧带及关节囊的坚韧性。

45．并步垂拳

【口令】三

【动作】左脚向右脚并拢，两腿伸直；右拳向右后下方斜垂，拳眼向下，成反拳；左掌收于右肩处，成正立掌；目视左方（图5-320）。

图5-320

46．马步劈拳

【口令】四

【动作】①左脚向左跨出一步，左腿屈膝；左掌变拳，由上向前劈去，上身左转（图5-321）；②右脚向前跨出一步，上身左转向后；右拳在右脚上步时由上向前劈下，拳眼向上；左拳收至左腰侧；两腿屈膝成骑马势；目视右拳（图5-322）。

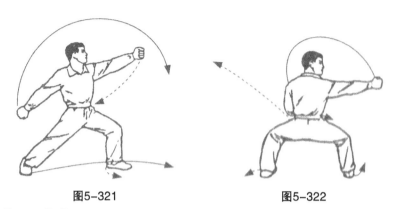

图5-321　　　　　　　　　　　　图5-322

【要领】①上述两个动作要连贯进行。②马步时的右拳要与肩平，左肩向后牵引，挺胸，收腹，塌腰，气不上浮。

【功效】帮助扩胸。

第六段

47．弓步冲拳（左）

【口令】短打第六段——一

【动作】右脚前脚掌碾地，使脚跟外展，右腿伸直，上身左转，同时左脚以脚跟碾地，使脚尖外展，左腿仍屈膝，成左势弓箭步；右拳随上身左转向上、向左绕环，收至右腰侧；左拳从腰际向前平击；目视左拳（图5-323）。要领和功效同前述的弓步冲拳。

图5-323

48．弓步冲拳（右）

【口令】二。

【动作】右脚向前进一步，右腿屈膝，左腿伸直，变成右势弓箭步，身体左转；左拳收至腰侧，右拳向前平击；目视右拳（图5-324）。

图5-324

49. 弓步冲拳（左）

【口令】三

【动作】左脚向前进一步. 左腿屈膝，右腿伸直，变成左势弓箭步，身体右转；右拳收至腰侧. 左拳击出（图5-325）。

图5-325

50. 回身冲拳

【口令】四

【动作】先以右脚前脚掌碾地，使脚跟转向左方，上身向右转，左脚也以前脚掌碾地，使脚跟转向左后斜方，左腿用力蹬直，右腿屈膝，成右势弓箭步；左拳不动，右拳在左腿蹬直时向右平击，两拳拳心均向下；目视右拳（图5-326）。

图5-326

【要领】蹬腿与冲拳必须同时用力进行。【功效】主要发展上下肢的肌肉群。

51.　提膝抄掌

【口令】一

【动作】左腿直立，右腿屈膝提在身前；左拳不动，右拳变掌，在右腿提膝时，挽臂使手指向左，由下向裆前抄起，掌心向下；目视右方（图5-327）。

图5-327

52.　跳步提膝

【口令】二

【动作】左脚蹬地跳起，上身由右向后转，右脚在转身后，落在左脚的原位，左腿在跳起转身后屈膝提于右腿前；右掌在转身时由裆前向上举，在右脚落地时向前、向下、向后绕环，反臂斜举，成反钩手；左拳变掌上举，接着落于身前，翘腕成侧立掌（图5-328）。

【要领】提膝抄掌和跳步提膝两个动作要连贯进行，这样才容易做跳步转身。

【功效】锻炼平衡器官。

图5-328

53. 搂膝弓步冲拳

【口令】三

【动作】①右腿屈膝下蹲。左腿向左平铺伸出，成左仆步；右钩手变拳，收于右腰侧；左掌臂内旋．使拇指朝下，在仆步时由身前向左下方反掌横搂，上身左倾（图5-329）；②左掌向外搂去，变拳收于左腰侧；此时右腿．立刻蹬直，左腿屈膝，变为左势弓箭步；右拳由腰际向前平击；目视右拳（图5-330）。

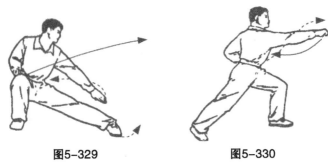

图5-329　　　　　　　　图5-330

【要领】上述动作必须一致行动，冲击之拳要用力。

【功效】主要锻炼股直肌、胫骨前肌、腓骨长肌、肱二头肌肱三头肌、肱桡肌等。

54. 虚步打虎势

【口令】四

【动作】①左拳拳心向上、从右拳拳背上向前穿出，穿出后左臂内旋使拳眼向上；右拳拳心向下，收至左腋下（图5-331）；②左腿稍直，上身向右移；右拳向下、向右、向上回环，屈肘横架在头顶上；左拳继续臂内旋，使拳眼向下；③右腿屈膝半蹲，左脚向右收回半步以脚尖点地，成左虚步；左臂屈肘，左拳搁在左膝上；目视左方（图5-332）。

图5-331　　　　　　　　图5-332

【要领】上述动作必须同时进行。【功效】同前述的虚步动作。

55.并步收势

【口令】并步收拳

【动作】左脚向右脚靠拢，两腿直立；两拳变掌，垂在两腿外侧；目视前方（图5-333）。

图5-333

短打拳的内容比弹腿、功力增加了踏步走及击响等动作，这给练习者提供了学习和掌握初级步法、加快速度和训练空中动作的机会。短打拳已具有拳术的起伏转折、窜蹦跳跃的特色，它在练习过程中，对华拳类型的拳术运动特点有着初步的指导作用。中国武术的套路运动形式，大多是取材于技击特点与技击规律的，因此，它含有技击的意味，短打、功力和弹腿也不例外，它们除了单人练习外，也可进行两人对打练习，但这是基本训练以后的事情，这里就不再叙述了。

第三节　体育武术的技法研究与训练

武术运动的技法，因为拳种和套路体裁的不同，各有着不同的要求。这里所讲述的是一般的最基本的技法，简要概括为"四击"，"八法""十二型"，总称为"二十四要"。

一、四击

"四击"，指的是武术中的踢、打、摔、拿这四种技击法则。只要是武术运动中含有技击动作组成部分的，在技击内容方面都离不开这四种技击法则。这四种法则各有各的运动规律以及独特的内容与方法。比如：踢的法则有蹬、踹、分、摆、弹、缠、扫、挂等许多种不同的运动内容；打的法则有扠、搂、拦、采、捌、勾、抄冲、撞、挤、靠、崩、劈、挑、砸、撑、等；摔也有搁、巩、揣、滑、捋、捣、勾、倒、爬、拿等；拿也有刁、拿、锁、扣、封、闭、错、截等。这些内容都有它们规定的运动方法。例如：踢法中的蹬、踹、铲，都是屈伸性的腿法。然而．蹬的运动方法规定是脚尖朝上、脚心朝前，力点在脚跟；踹的运动方法规定是脚尖横向、脚心朝前，力点在脚心；铲产的运动方法规定是脚尖横向、脚心朝下，力点在脚外侧的边缘部。不允许蹬踹不分，方法不明，模糊不清。

练习武术必须首先要熟悉、理解和掌握各种技击动作的运动方法和运动规律，将它们不同的力点、方位和路线掌握牢固，而且要熟悉它们不同的运劲程度和运动速度，在运动过程中把它们清清楚楚地表达出来，同时还要严格地遵守这些严密的运动规矩。

二、八法

"八法"是什么呢？"八法"是"手眼身法步，精神气力功"。它关系着人体的上肢、头部、躯干、下肢、精神、呼吸、力量和技术的"手法、眼法、身法、步法、精神、气息、劲力和功夫"八个部分。中国的武术运动，对这八个部分在运动方式和方法上的要求是："拳如流星，眼似电；腰如蛇行，步赛粘；精要充沛，气宜沉；力要顺达，功宜纯。"现将这八个部分的要点分别说明，如表5-1：

表5-1　中国武术运动的"八法"

拳如流星	"拳如流星"，是对上肢"手法"所提的运动要求。它要求"手法"的运动必须像流星般的轻快、敏捷、有力。它不仅是在拳、臂挥舞时要这样，而且在掌、腕的细致动作里也要这样，即使一个抖腕、刁手的小动作，也要做得非常利落、干净，没有拖泥带水的感觉。 上肢运动要达到"拳如流星"的这种要求，就必须松肩活肘，使肩、肘、腕等关节器官在运动的时候，力求松活。肩僵肘死，上肢"手法"动作就显得呆板、迟缓；由速度而产生的力量，也会因此而发挥不出来。 "拳如流星"的这种要求，会不会使整个武术运动完全陷入飞快的境地？会不会使整个武术运动乱而无章？这是不会的。一般的武术运动，总是有活动性的动作在里面，也有静止性的动作在里面，既有"招"，也有"势"。"动如奔獭，静如潜鱼"，它不动则已，一动就要非常迅速。"拳如流星"的要求，只是指活动性的动作。这样，它不但不会使整个武术运动乱而无章，而是更能衬托出静止性动作的稳定，使拳术在运动过程里面有动有静，更加突出了"动迅静定"的武术特点。

眼似电	"眼似电"是对头部"眼法"所提的运动要求。"眼法"在武术运动里不是单独活动的，它必须是"眼随手动""目随势注"。"手法"既像流星般地轻快、敏捷、有力，那么眼睛的注视，就要相应地像"闪电"般地明快和锐利。这种手到哪里眼到哪里的"眼法"变化，不仅和"手法"有着密切的关系，也和颈部的活动有关。如果拳向左侧冲出，颈部不活动，头不向左转，那就会形成"斜眼"瞄拳的怪相。因此，随着"眼法"的左顾右盼、上瞻下视、颈关节的灵活及转头变脸的快速，也是必要的。同时，更重要的是"眼法"还涉及到武术动作的意向问题。一般的说，武术的动作都有它的意向，进则是攻，退则是守；即使是静止时的拳势，也都含有"伺机待动"的意向。能把每个动作和势式的意向表现出来，武术运动就显得生动活泼，否则就会空洞无力。"眼法"是武术动作的意向趋向传神的关键。比如：向前进攻的动作，眼睛一定要注视着前方，如果看着旁边，该动作就失掉了进攻的意向；在前进动作的过程中出现了突然向后转身的动作，这意味着回击身后来的侵犯，这时一定要先回头，目光向后一扫，然后再迅速转身接做下面的动作，如果不先用目光向后一扫就转身出手，这个回击的动作也不会传神。至于静止时的拳势，必须使眼神向前凝视，目光像"闪电"般锐利，这样才能把"伺机待动"的意向表现出来。中国的武术运动是特别强调传神的，因此"眼法"必须做到"眼随手动""目随势注""眼如闪电"。
腰如蛇行	"腰如蛇行"，是对躯干"身法"所提的运动要求。"身法"在武术运动里分为：闪、转、展、缩、冲、撞、挤、靠、折、弯、俯、仰。这些"身法"的变化，多是"主宰于腰"，因而"腰如蛇行"的"身法"要求，一方面是要求各种"身法"在运动的时候要像"蛇行"那样的灵活，有曲折有变化；另一方面也是要求胸椎和腰椎的柔韧性加强，使动作做得既柔软又坚韧。柔软则灵活，坚韧则有力，动作做得灵活、有力，又富有曲折变化，就不会使人感到枯燥干巴没有变化了。 "身法"包括胸、背、腰、腹、臀五个部分。在一般的武术运动里，是非常讲究挺胸、含胸、直背、拔背、塌腰、沉腰、收腹、鼓腹、敛臀、缩臀等运动方式和方法的。挺胸、直背、塌腰、收腹、敛臀的方式方法，一般多使用在由活动性动作进入到静止性动作的时候。在活动的时候，要求"身法"灵活多变；而在静止的时候，则要求胸、背、腰、腹、臀的"身法"完整、正确，所谓"招要圆，势要正"，"动圆定方"。如果在定势时是拱背、弯腰、凸腹、撅臀，那完全可以想象到它是不健康的不优美的。但是在活动的时候，仍是使用"挺胸"，那就会使胸椎僵硬、腰椎失去灵活，影响和阻碍了"身法"的曲折变化。所以"身法"还要做到"体随势变"，根据不同的动作采取不同的方式方法。

步赛粘	"步赛粘"是对下肢"步法"所提的运动要求。"先看一步走，再看一伸手"，武术家们常说"打拳容易，走步难"。"步法"在武术运动里的确是比较难以处理的。它不仅要快，而且还要"像粘在地上一样"，不掀脚，不拔跟；它不能受上肢、躯干活动的影响，反过来倒要在运动中给上肢、躯干的活动提供必要的稳固条件。"步不稳则拳乱，步不快则拳慢"，"步法"的稳固和轻灵快速直接影响着武术运动的质量，因此必须做到"步赛粘"的要求，使下盘扎实。 武术运动里的手法、眼法、身法、步法，在运动过程中并不是分割开来孤立进行的，而是"眼随手动，步随身转"，手到、眼到、身到、步到，协调一致，紧密配合。这样才能使动作完整、和谐。
精要充沛	"精要充沛"，是对内在的"精神"所提的运动要求。应该把它理解为精神饱满、精神贯注，就是所谓"精足则神满"。如果精神不饱满、不贯注，那么动作就显得单调、空虚，没有气魄，只有皮肉，没有血。而精神要饱满得怎样程度呢？在武术运动中，精神要饱满得像雷霆万钧，像江河的怒潮，要显示出"怒"的气魄。然而这种怒的气魄并不是表现在脸上，而是贯注在动静的运动之中，这和中国的书法完全相同，它是"怒"在书法上面不是怒在人的脸上。《紫桃轩杂缀》曾称："惊沙振蓬，狞兽渴骥，与担夫之争，公孙之舞.嘉陵江之水声，皆怒也。"这里所说的"担夫之争"，就是书法；"公孙之舞"，就是唐代公孙氏舞练的剑术运动。精神饱满，气魄怒振。拳势才能雄伟。怒又不是凶狠，凶狠则拧眉横目、呲牙咧嘴.这在武术运动里是绝不允许的。要做到"怒"的气魄，就必须在思想上具有武术的战斗意识，把自己摆进到一种充满战斗的场合里。这样，才能使武术运动势如浪涛，汹涌澎湃，精足神满。
气宜沉	"气宜沉"，这里指的是对"呼吸"所提的运动要求。"呼吸"在武术运动里关系着运动的持久性，也关系着劲力的推动。像一些结构复杂、动作快速、运动量大的武术运动项目，对氧的需要量极大。如果不善于掌握和运用"气沉丹田"的腹式呼吸的方式方法，就很容易气血上涌，使气息停留在胸间游动。气往上浮则内部空虚.空虚则气促，气促则吸入的氧不足，氧不足则力短，力短就不能使运动持久，就会面色发白，呼吸短促，头晕恶心，动作紊乱，运动的平衡性也就遭到破坏。所以，在运动的时候必须运用腹式呼吸，善于"蓄气"，这样才能使运动持久，才能保持运动的平衡，才能达到矫捷、矜持、从容不迫的要求。 武术运动的"呼吸"方法，除了"沉"之外，还有"提""托""聚"三法，合谓"提、托、聚、沉"。在一般的情况下，由低动作进入到高动作或由跳跃动作到高动作的时候，应该运用"提"法；在高势或低势的静止性动作出现的时候，则应该运用"托"法，在刚脆、短促的动作出现的时候，就该换用"聚"法；在由高动作进入到低动作的时候，又该运用"沉"法。这些呼吸方法随着动作而进行变化的时候，却始终遵循着"气宜沉"（实际是指蓄气而言）的基本要求。在不同动作、不同情况的下面，巧妙地运用各种不同的呼吸方法，是武术运动里颇为重要的问题，必须在实践中逐步地掌握它。同时运用也要自然，不要故意做作。

力要顺达	"力要顺达"是对"劲力"所提的运动要求。武术运动是要使劲、发力的。否则，运动就没有分量，就显得飘浮、松懈。但是如果使劲和发力不恰当、不"顺"，也会使运动僵硬、死板。武术运动最忌"僵劲硬力"，所以既要用力又要顺达。"力要顺达"，就须从"三节""六合"着手。 "三节"，以上肢来说，手是梢节，肘是中节，肩是根节；以下肢来说，脚是梢节，膝是中节，胯是根节。"六合"，就是手、肘、肩、脚、膝、胯六个部位的配合（也有以眼、心、意、气、力、功为"六合"的，那是有关技击意识和技击实践的方式方法，在这里暂且不去谈它）。 比如：甩手、云手、向上抖手等动作，必须是"梢节起，中节随，根节追"三节均动，劲力才能顺达。又如：腿用力向前弹踢，必须是"起于根，顺于中，达于梢"，三节贯通，才能使力顺而不僵硬。再如：上下肢的动作有互相牵涉的时候，如果是发力前冲的动作，就必须使脚、膝、胯的力量，通过腰力的媒介，从"送肩、顺肘"而传达到手或拳，使上下六部贯通起来，上下的劲力顺成一股。武术运动里的僵硬和死板，问题不在于用力的大小，而在于顺与不顺。所以在运动中，一定要善于掌握"三节"和"六合"，运用顺力，运用活劲。这样，运动才有分量，才重而不笨。
功宜纯	"功宜纯"，是对技术质量所提的要求。"功"是什么？"功"在这里指的是力量、速度、耐力、灵敏等身体素质和运动的各种技巧。"功"字本身就是从"力"从"工"的。所谓"纯"，就是"纯一不杂"。要使技术质量达到"纯"的地步，最重要的就是加强锻炼的实践。武术家们常说："功夫是练出来的。"只有坚持锻炼，通过实践才能使身体素质和运动技巧不断地得到提高，才能使技术的质量由不纯逐渐到"纯"。同时，要使技术质量达到"纯"的地步，还要做到以下五点： 第一，体势要工整。每个动作势式，都必须按照一定的规格要求，做到准确、齐正、匀称，结构严整，路线清楚，一丝不苟。《华拳谱》里说："五体称，乃可谓之形备。""五体"即身体的躯干、两上肢和两下肢，共为五体，也唤作"五骨"或"五筋"。每一个动作、每一个势式，无不都是由这五条线组成的。如果这五条线结构得不工整、不匀称，就不能算完美。怎样才能做到工整、匀称呢？《华拳谱》里接着说："其形方中矩，圆中规，自中衡平均施，敛束相抱，左右顾盼，八面供心。"武术的动作和势式，要是做不到"整"的话，不仅显得难看，而且力量也不容易发挥出来。比如"弓步冲拳"这个简单的动作，假若做成耸肩、弯腰、屈腿、撅臀，结构缩成一团，不舒展匀称，其形象一定是很难看的；同时，由于腿屈、腰弯、肩耸，就难以使力量蹬之于腿、主之于腰、送之于肩、顺之于臂、达之于拳。冲拳的力量就不能上下贯通完整地发挥出来。所以"功宜纯"，体势必须工整、匀称，做到一个"整"字。

功宜纯

第二，筋骨要遒劲。就是组成动作势式的"五骨"，每根线条都要具有遒劲。动作势式仅仅做到"整"，还是不够的，缺乏遒劲，只有皮肉没有筋骨，就成了空洞欲塌的架势。因此"体称劲道"才能说是形质完备。怎样才能使"五骨"具有道劲呢?要使"五骨"具有道劲，它须从"撑、拔、张、展、勾、扣、翘、绷、顶、塌、收、沉"等法着手。例如："弓步双推掌"这样一个动作势式。躯干这根线条的遒劲，就在于它的头向上"顶"，下颌向里"收"。项背向上"拔"，胸向外"张"，腰向下"塌"；上肢两根线条的道劲，则在于它的肩向下"沉"，臂向前"撑"，掌指向手背一面"绷"，手腕向拇指一侧上"翘"；至于下肢两根线条的遒劲，还在于它前面腿的膝向前"顶"，胯向外"展"，髋向下"沉"，后面腿的膝向后"绷"，髋向下"沉"，脚向下、向后"撑"，脚尖向里"扣"。这样，五根线条都由于肌腱韧带的极力伸缩而处在紧张的状况之下，具有剑拔弩张之势，遒劲就由此产生出来了。

第三，心力要坚强。这是要求内心里面也要鼓足一股劲。武术的形体动作都有它的意向，要把动作意向表现得完美，内心必须参与一起活动。这个特点决定了武术的形体动作一定要"心动形随"，它随着内心意识的活动而运动。心力不坚，那么形体的动作势式就会松懈，遒劲也不可能刚健，所谓"心力不坚．则无劲健"。而动作的意向则更难以表现出来了，动作没有意向．运动就失掉了生气。因此，心力要坚，要使内心里的一股劲和形体动作的一股劲两者内外结合起来，成为"合力"。这样才能做到劲力道健，动有意向。

第四，招势要连贯。在一个套路里，所有的动作应该是"始终连绵相属，气脉不断"。所谓"连"，并不是说要把整个套路的动作不停顿地一气练完，中间没有间歇。而是要求在一招一式之间，必须做到"形断意连""势断气连"，善于运用内在的心志活动通过眼神把前后动作的意向连接起来，使整个套路势势相连，无势不连。譬如"打虎势"是一个静止的姿势，从形式上来说它和后面的动作已经中断了。而如果把眼神凝视着远方，心志活动具有伺机待动的意识，那么它和后面的动作就从"意"上连接起来了。再如"弧形步转身腾空摆莲"这个动作，如果头不后摆、眼不向后注视，动作虽然没有间歇停顿的现象，但严格说来这已失去了连贯。因为"转身摆莲"是个类似"回马枪"的动作，弧形步时眼向后看是表爪诱敌深人，而后转身向对方施展了摆莲腿。"弧形步"和"转身摆莲"的连接，正是由这个"意"连接起来的。没有了这个"意"，摆莲腿就成了孤立的动作，气势就中断了。"心动形随"，心志活动起着动作连接的重要作用，要注意这一点。

<table>
<tr>
<td>功
宜
纯</td>
<td>第五，阴阳要分清。在武术运动里，包含着动静、虚实、刚柔、快慢、伸缩、张弛、抑扬、顿挫、轻重、起伏以及内外、上下、正偏、左右等种种的对立因素。武术的传统说法唤作"阴阳"。善于掌握和运用这些对立因素的规律，动作就能做得更好。对立因素的某一方都是不能孤立地存在的。没有动，就没有所谓静；没有虚，就没有所谓实；没有刚，也就没有所谓柔……对立的两方，失掉任何一方，这一方就失去了存在的条件。中国的武术运动特别强调：欲要动先须静，欲要实先须虚，欲要刚先须柔……譬如冲拳发力，拳从腰间发出的时候，拳臂的肌腱都是比较放松的，手也握得不太紧，肩也不太下沉，这时是"柔"的状况；等到肘关节从后向前经过腰侧、臂做内旋的时候，手就握紧了，肩就向下沉了，拳臂的肌腱紧张起来了，这时才有了"刚"。有松弛才能有紧张，如果一开始整个拳臂就处在紧张的状况下，那这拳要它紧张时，它反而不能紧张了。这样，"刚"也就显示不出来。同时，发力的这对刚柔对立因素必须是在同一个运动过程中相互转化，不能把它们分割为两个运动过程，否则就失掉了对立的统一。其他的种种对立因素也都是如此。</td>
</tr>
</table>

以上所说的前四法是"八法"里的外四法，后面的四法是内四法。内外"八法"必须全面掌握，才能得心应手，内外统一，达到完整的地步。

三、十二型

"十二型"是什么呢？"十二型"是武术运动里的动、静、起、落、站、立、转、折、快、缓、轻、重十二种运动方式的定型。

武术运动里，有活动性动作、静止性动作、跳起动作、落下动作、两脚站的动作、单脚立的动作、转动动作、扭折动作、快动作、慢动作、轻动作、重动作。这些动作，快得要怎样快？慢得要怎样慢？站得要怎样站？立得要怎样立呢？在中国武术运动的发展过程中，人们不断地从对各种事物的观察和体验中创造了一套传统的富于形象化的格式。这就是：动如涛，静如岳，起如猿，落如鹊，立如鸡，站如松，转如轮，折如弓，轻如叶，重如铁，缓如鹰，快如风。

在"活动"时，一定要使运动气势像海浪那样激荡，滔滔不绝，如在万马奔腾的气势中仍然有稳定感和明朗感，做到"动要有韵""动中有静"。在"静止"时，一定要使势式塑造得像大山那样巍峨，似乎任何强大的力量都推它不动似的。

在"跳起"时，要有猿猴纵身跳起时的那种机灵、矫健、敏捷的形象。而"落下"时，则要像喜鹊将要停落到树枝上时的那样轻稳。

单腿"独立"的动作，特别是从活动性动作转入到静止性的单腿独立动作的时候，要像鸡在奔走时突然听到了什么，立刻停步并蜷曲起一只脚那样，显示出动作的安定稳固。"站"的动作是两脚均着地的静止性动作，这种动作要像苍松那样巍巍地刚健、挺拔，在静止中含有活动的意味，使静和动密切地联系在一起，即所谓"静中有动"和"静而忌僵"。

"旋转"的动作，要像车轮那样绕着轴心转动，要善于创造和掌握运动的轴心，这样才能达到"圆"的要求。"折"是指扭身拧腰等转折的动作，它要求像弓那样越折越有力，含有一股反弹劲，不是折得很软而没有劲力，比如向左右两侧折腰，腰部柔软折得下去固然是好，但显不出一股连接后面动作变化的劲力来，就会使气势中断。"意不中断"，只有在"折"的动作中做出反弹劲，才能突出动作中的变化。

"轻"的动作要像树叶那样轻，才能达到动作"飘"的要求。"重"的动作要像钢铁那样重，但"重而忌狠"，不能咬牙切齿。"快"的动作要像一阵风那样，但"快而忌毛"。"快易生爆"，火爆可以藏拙，动作就会不准确、不干净、不利索、不潇洒。"缓慢"的动作要像鹰在空中盘旋那样精神贯注、慢中有快，但"缓而忌温"。"慢易生懈"，要防止动作产生松懈的现象。

武术运动的"二十四要"，是最基本的技法，在平日锻炼的过程中要不断地揣摩、体会，使技术和技法统一起来，逐步地提高武术的运动水平。

第六章　体育强国下的武术文化自觉研究

第一节　中国体育武术的当代价值

"武术价值"是指武术满足人和社会需要的客观属性，包括武术对于人的生存、发展和享受具有积极意义的一切属性，即武术对人和社会的有用性。武术之所以能不断地持续发展，归根结底是因为武术具有一定的价值，能够满足人和社会的相关需要。武术在不同历史时期对于人和社会的现实价值是其存在、延续的重要基础，同时也决定和影响着武术的相应时代特征及其演进趋向。

（一）有限的技击价值

技击作为武术的本质属性，无论何时总不会失去其固有本色，因此，技击价值在武术的当代价值体系中无疑同样具有重要地位。武术的技击价值在当今社会中的应用，首先，体现于军警、安保等国家职能系统内部。虽然，科学技术的进步已经使得武术的技击效应大受影响，但是，出于国家和民族的生存与发展需要，武术仍然在这一层面有着重要的应用价值。另外，对于个体而言，社会生活中的日常安全需要同样为武术的传统技击价值提供了应用可能。再则，在现代的竞技赛场，武术散打、搏击赛事等相关活动中，武术的技击价值也自然能够得以相应体现。然而，在上述各种相关情况下，武术技击价值的应用显然都要受到有形、无形的影响与限制。现代军事和安保领域中，各种高科技武器的能效都是传统武术技击功能所难以比拟的，这一特点决定了武术技击在上述领域的应用只能是作为一种配合与补充性质。现代社会的高度法制化特征又决定了个人在应用武术技击方法保障自身安全时只能在正当防卫的前提下依法合理进行，现代武术散打比赛等搏击活动也是一种公平、公开、公正的体育赛事形式，在这种情境中，武术技击动作的使用也统一以运动员的人身安全为前提。因此，当代社会的发展特征决定了武术技击价值只能是一种有限的应用与发挥。

（二）突出的健身、养生价值

武术的传统文化特性决定了其所拥有的突出的健身、养生价值，武术汲取的传统中医学和养生学的精华要素尤其拓展了这种健身、养生价值。长期以来，武术一直是广大群众非常喜闻乐见的健身项目，新中国成立以来，随着全民健身上升到国家战略高度，武术的健身价值也更加体现得日益显著，先进的人体科学技术也日渐为武术的健身价值提供着有力的数据支撑。科学研究表明，武术对于维持内环境理化因素的恒定，加强酶的活性以及改善消化、排泄等系统都有着积极的作用。长期进行武术训练，不仅能促进身体的全面发展，使得人体的速度、灵敏、协调、柔韧、耐力、弹跳等综合素质普遍增长，提高人体的适应性，而且还能有效提升内脏器官的功能，延缓人的自然老化，具有独特的延年益寿功效。这方面的例子尤其以太极拳为经典。与其他体育项目的健身价值明显不同的是，武术的健身价值在养生、修心方面具有特殊的综合效用，所以，它不仅是一种通常意义上的健身之术，而且还是一种与众不同的养生、修心之道。许多人对于太极拳的喜爱与从事，实际上便是通过习练太极拳后，在健身康体的基础上逐渐感受到了太极拳在养生、修心方面的特殊作用，由此，太极拳也已经融入大众的日常生活，成为无数民众的一种生活方式。正如上海体育学院教授、博士生导师虞定海2016年5月8日在《健康中国与太极拳运动处方的研制》专题报告中所述，鉴于大众对太极拳科学健身指导的需求，依托太极拳良好的健身价值，通过太极拳健身运动处方的论证与制订，以及处方系统的开发，为各年龄段人群提供科学准确、优质高效的太极拳健身指导，在当下及未来都非常大有可为。

（三）显著的娱乐、休闲价值

在科学技术与物质生活水准极大提升的当今时代，人们对于休闲娱乐的需要也随之日益迫切。由于闲暇时间总量的大幅度增加，人们开始追逐更多的精神需求，休闲需求极为旺盛，人们开始普遍注重休闲消费，参与休闲和旅游的人急剧增多，以"玩""休闲""娱乐"为主体的消费产品层出不穷，这也为传统武术的娱乐、休闲价值提供了有利机遇。

（四）广泛的体育运动、竞技价值

新中国成立以来，武术主要作为一种体育运动形式而在体育的大框架下不断发展，体育运动、竞技价值也成为武术当代价值的一个主要组成部分。以西方奥林匹克运动为模板的现代体育化发展之路上，充满了各种武术体育运动形式的赛事等相关活动，竞技武术"申奥"也构成了武术发展的重点导向，2008年在北京举行的第28届奥林匹克夏季运动会则是武术和中国体育"奥运情结"的一个里程碑式标志。另外，在各种体育商业赛事此起彼伏的当代社会，武术的体育运动、竞技价值也持续得以彰显，各种武术竞技运动竞赛活动也有力地促进了当代武术的发展。

（五）独特的文化传承与教育价值

教育是文化传承的有效方式，也是文化的重要组成部分。"由于民族文化教育是一个民族进行本民族文化传播和培养该共同体成员适应本民族文化的社会活动，所以任何一个民族文化的教育必然具有本民族的特色。"武术是中国传统文化的一个有机组成部分，博大的中华传统文化决定了武术悠久的文化传承与教育涵化功能。当今世界正处于文化全球化的时代，传承中华民族文化，弘扬中华民族精神，增强中华民族凝聚力是当前一项重要而紧迫的任务，这一特点决定了以武术为特色的民族传统文化教育的重要意义及其广阔前景。新中国成立以来，武术作为一项重要教育内容正式进入各级种类学校教育体系，早已形成了从大学到中小学、幼儿学前教育的完整体育。以各级各类学校为平台，武术的文化传承与教育价值得到了全面的展现。2004年4月3日中宣部和教育部从文化战略的高度联合颁发了《中小学开展弘扬和培育民族精神实施纲要》。《纲要》要求：中小学各学科教育要有机渗透民族精神教育内容，体育课适量增加中国武术等内容。由此可以预见，随着时代的进步，武术的这种文化传承与教育价值也必将更具用武之地。

（六）潜在的经济与产业价值

武术作为一种动态的非物质文化遗产，具有很高的潜在经济、产业价值。当代武术文化处于社会主义市场经济大环境之中，因此，科学的武术发展也必然要能够适当地体现出经济与产业相关价值。武术的经济与产业价值主要包括武术自身的经济、产业价值和延展性经济、产业价值两个大的方面。前者如武术服饰、器械用品，武术赛事、表演活动，武术教育、培训领域等，指武术自身具有的价值；后者则指武术通过与旅游产业、艺术产业、文化产业、影视产业等纵横交叉而衍生的相关经济、产业价值，其中就涉及了以科技和创新为动力的跨界联动运作等。在当今体育产业井喷式爆发的趋势之下，武术的经济、产业价值自然也将日益凸显。近年来，国家接连发布了多个推进文化产业发展的指导意见，其中如《关于推进文化创意和设计服务与相关产业融合发展的若干意见》《关于加快发展对外文化贸易的意见》《关于加快发展体育产业促进体育消费的若干意见》等，都为武术的经济与产业价值指明了前景。

另外，需要强调的是，随着党的"十八大"描绘的中华复兴战略蓝图的开启，武术所具有的中华民族文化特色符号身份及其全球广泛影响力，也注定了武术在当代中华文化软实力建设以及中华文化国际传播的进程中正在被赋予一种特殊的战略价值——显然，那是一种国家文化战略层面上无可替代的全新时代价值，它是中国武术历久弥新的风采展现，也是武术爱好者一脉相承的自豪与骄傲!

第二节 体育大国与体育强国解析

中华武术文化的形成、发展是不断积累和更新的过程,这既是文化存在的内在自觉,也是文化发展的现实需要。一种文化只有具备了内在自觉精神并且适应了社会发展趋势,不断地实现自我更新,才能显示出其历史价值与现实生存意义,从而焕发出青春气息。武术文化根植于深厚的文化传统之中,绵延数千年的中华传统文化,经过一定的选择和融合,完全可以服务于时代赋予的责任。如果说我们对武术文化已经有了"自知之明",明白它的来历,形成过程,以及它的意义和所受其他文化的影响及发展的方向,那么就应该了解武术文化在我们在生活各方面所起的作用。故而我们研究武术文化也不应当仅停在其自身狭窄的技艺追踪,而应当扩展于宏观的视野。武术文化作为"国粹"是中华民族历史文化的结晶,是人类智慧的不竭源泉。"实现中华民族的伟大复兴"是当代中国最嘹亮的呐喊,"体育强国"目标的提出正是对这一呐喊最有力的呼应"体育强国"不只是体育人口的比例,通过体育使整体国民体质强健才是"体育强国"的真实内涵,也是武术文化实现其自觉精神的目标的真正归属。

体育是一种复杂的历史现象和社会现象。而人口总量历朝历代都对其非常关注,因为人口总量的多少与当时军事经济密切相关。越是远古,人口总量的问题就越是突出。所谓"广土众民",所谓"国富民强",多指众多人口状态下的那种国家状态。在以"生物能量"为主体的社会经济结构中,人口数量越多,国家强盛才能得到体现。在中国,历朝历代都认为较大的人口数量是"保家卫国"甚至"国泰民安"的基本保证。这一思想,至今都有惯性,中国庞大的人口基数与此密切相关。然而,当社会分工非常普遍,社会越来越依靠"非生物能量"时,一味强调人口总量不仅不能解决问题,反而还有很多消极作用。这种情况下,人口质量、人口的特殊性,就变成了重要话题。社会有分工,人群有差别,特殊人口的概念因此而产生。"艺术人口""就业人口""经济人口""劳动力人口"乃至"体育人口"皆因之而出现。

"体育强国"是我国20世纪80年代初期提出的体育发展战略目标之一。把我国建设成为一个世界体育强国,是新中国几代体育人梦寐以求的愿望,也是改革开放以来,我们一直为之奋斗的理想。

关于体育大国与体育强国的内涵，必须基于中国的国情做辩证的、务实的解读。

第一，大国与强国，虽一字之差，却有本质的不同。大，主要是指数量多，规模大；强，主要是指质量高，实力雄厚。一个是质，一个是量，两者是不同发展水平和发展层次的国度表述概念。大国与强国，虽有明显区别，但也有交叉，也有密切联系。

第二，由大到强是当代中国社会全面实现现代化的客观进程，是普遍要求。体育大国向体育强国迈进是党中央、国务院根据当前我国的发展阶段和基本国情对新时期体育事业发展提出的新目标、新定位。

第三，体育大国向体育强国迈进本质上是中国体育全面实现现代化的战略问题。体育大国和体育强国都是一个相对的概念，是中国体育全面实现现代化历史进程中的两个既有联系又有区别的发展阶段，把两者统一到全面实现中国体育现代化的历史进程，更有利于从整体上驾驭和把握这一进程，从而有利于中国体育的全面协调可持续发展。

第三节　强国背景下的体育武术文化路径研究

人类的各种活动，都是有意识、有目的的活动，自始至终都要受一定的目的所支配，这是人类社会活动与各类动物生物本能的一个根本区别。一个国家、一个社会的各种正常的社会活动，都有其存在的理由和根据。作为社会现象的体育活动，同人类社会的其他活动一样，从产生的那天起，就具有明确的目的性，反映着社会客观现实和人们自身的需要。在不同的国家和社会里，由于各自的情况不同，对体育的需求也有一定差异，这种差异最终通过赋予体育以一定的目标而表现出来。目标是人们做某件事情所要达到的预期结果，它反映出人们对活动的最终结果的期望和追求。我国处在社会主义初级阶段时期，在经济水平不发达的前提下，体育事业的发展是"举国体制"，有80%的体育经费用于竞技体育，我国体育也是符合规律的发展。

"体育强国"不只是体育人口占全体国民的比例，更不是竞技体育在奥运会取得更多的奖牌，而是通过构建和开展面向全体国民的体育运动使整体国民体质强健才是"体育强国"的真实内涵。

历史和现实表明，一个民族的觉醒，首先是文化上的觉醒。尽管中国的经济体制改革创造了令世界其他国家和地区黯然失色的发展奇迹，但文化领域面临的挑战前所未有。研究和弘扬国学，避免"去中国化"危机，挖掘传统文化服务当代的先进内核，是中国文化研究的当代热点。武术作为国粹文化不应只是保护性的传播和推广。改革开放30多年，中国经济取得令世界瞩目的辉煌成就，也幡然发现青少年体质呈连续下降的趋势。

一种文化只有具备了内在自觉精神并且适应了社会发展趋势，不断地实现自我更新，才能显示出其历史价值与现实生存意义，从而焕发出青春气息。中华武术在其千百年的发生、发展历史中，一直深受中国传统文化、宗教思想的影响，以及落后生产力发展水平及其社会环境的制约，在表现形式上是一种格斗手段和大众的文娱活动形式，但一直保留其搏杀攻防的本质核心，这样的存续状态应该说至少在近代西方体育传入中国之前是这样的。所以在没有受到现代体育精神规范之前，中国传统武术的内核严格说不能算是现代体育的内容之一。新中国成立后，武术的社会功能发生了极大的转变，现代社会的需要对武术做出的选择使武术这一充满东方神秘魄力的古老运动焕发出与时俱进的奕奕神采，与其他体育项目一样，为促进全面人格的发展而存在，并同时拥有其他体育项目不可替代的价值功能。

据我国《国家学生体质健康标准》实施后每年的监测数据显示，我国学生体质呈逐年下降的趋势。学生人群为自然体育人口，体质却为何下降？除了对学校体育内容的质疑之外，更唤起国人对中华武术这一民族传统文化回归的期盼。"文可安邦，武可定国""文武全才""文韬武略"，续传千年的武术与文化知识一样被认为是全面教育和发展人的有效手段和方法；"闻鸡起舞""冬练三九，夏练三伏""拳不离手"，习武练功能很好地磨炼人的意志品质；"内练精气神、外练筋骨皮"，武术对促进身心健康也有十分显著的效果……如此等等，积淀千载、博大精深、意蕴丰富、福泽国人千年的国粹文化在当代却没能发挥其应有的价值。在国人自觉发出"体育强国"的呼声里，我们应该听到武术文化凤凰涅槃、浴火重生后的响亮回应。

清末民初，西方国家掀起了瓜分中国的浪潮，民族危机迫在眉睫，在这种情况下孙中山提出了"强种保国，强民自卫"的思想，他指出："处于竞争激烈之时代，必备强健的体魄以适生存。""夫欲图国家之坚强，必求国民体力之发达。"黄兴也提出："中国欲立足于世界上，非改良政治，曷由致强以图生存？若长此不变，国势愈弱愈下，吾恐二三十年后，有国亡灭种之祸。"孙中山和黄兴他们认识到在弱肉强食的世界，国民身体的健康是国家强盛的基础，因此，要强国必先强民，而要强健国民体质，体育成为首选。在此形势下，各种新兴的学校均开设了西方体育课程，然而，作为被侵略国学习侵略国的强国之道，难免有抵触。于是，在民族主义思想的指引下，有人提出："由此以立战功称名将者，不可胜数，可云武术中兴时代。……窃谓令也欲求强国，非速研究此术不可。"使一度低沉的武术活跃了起来，一大批的武术组织建立了起来，如上海的精武武术会，中华武术会，北京武术研究社，中央国术馆等。据史料记载："民国时期，几乎没有一个城镇没有武术组织。"此间，时任中央国术馆馆长的张之江指出："若提倡国术而不使之竞技化，则此种单纯之演习，既乏攻守之经验，无裨自卫之实用。"中国传统武术由此开始向现代转型。由上可见，弘发武术文化之路径一在形成思想之认识，一在确定行政之手段。

当代中国，武术文化推广并建立更广泛的群众基础，首先要把武术纳入教育体系并明确考核目标。武术的文化特性是使它自古流传至今不衰的根本原因。而任何一种文化的继承和发展都离不开教育。我国已构建起被覆全民的义务教育，高等教育入学率也达80％以上。从20世纪60年代开始，我国就已把武术列入中、小学体育教学大纲，但实践并不成功，甚至落空。其原因主要是武术在学校体育的地位很低，没有形成真正意义上的"弘扬国学"的精神认识。改变这一状态，首先要确立武术的应有地位，把武术作为受教育者在德、智、体全面发展的重要组成部分。要树立武术教育的长远目标，完善武术的正规教育体系，使之成为学校体育教育必不可少的内容，并明确各个阶段应达到的考核目标，使每个学生在学校学习过程中都懂得武术基本知识和基本技能，从武术学习中享受到武术的魅力，形成武术成为其终身体育的可能。

其次，加强体制建设。推进中华武术的发展，必须加强管理体制和管理机构的建设。武术发展的管理机构、权限划分、运作机制等方面的体系和制度，是实现武术发展总体目标的保证。国家体育总局武术管理中心、中华武术协会、国际武术联合会、国际单项体育联合会等机构制定的有关武术发展的政策，是武术发展的有力保证，另外，要尽力发挥社会武术组织的辅助及协调作用，鼓励社会武术组织支持和参与武术文化的推广工作。要广泛依靠各级各类体育组织，包括有志于从事武术文化推广的民间组织及个人、机构等。

参考文献

[1]汤明伟，王辉．论少数民族武术的本源与区域特征[J]．体育与科学，2013(1)．

[2]崔风祥.贺兰山岩画与古代狩猎文化[J]．武汉体育学院学报，2005(4)．

[3]王国志．武事岩画：见证早期武术发展的历史足迹[J]．沈阳体育学院学报，2005(6)．

[4]刑新强．西藏岩画中原始体育图像的解读[J]．成都体育学院学报，2008(9)．

[5]李祥石，朱存世．贺兰山与三北山岩画[M]．银川：宁夏人民出版社，l993：122．

[6]胡小明．从左江岩画看民蘸传统体育的起源与传播[J]．成都体育学院学报，1992(2)．

[7]王洪建．美术概论[M]．北京：高等教育出版社，1994．

[8]支川.中华武术文化概论[M]．北京：清华大学出版社，2015．

[9]闫民.武术·身体·思维[M]．济南：山东大学出版社，2015．

[10]申国卿，邓方华.中国武术导论[M]．重庆：重庆大学出版社，2016．

[11]蒋剑民，黄一棉.武术[M]．合肥：黄山书社，2015．

[12]蔡龙云.武术运动基本训练[M]．北京：人民体育出版社，2013．

[13]谷世权，林伯原．中国体育史(下)[M]．北京：北京体育学院出版社，l989．

[14]黄兴．黄兴集[M]北京：中华书局，l981．

[15]国家体委体育史工作委员会全国体总文史资料编市委员会．中国近代体育文选[M]．北京：人民体育出版社，1992．

[16]国家体委武术研究院．中国武术史[M]．北京：人民体育出版社，1996．

[17]洪浩，郭怀．论传统武术竞技化[N]．成都体育学院学报，2006(32)．

[18]陈光玖．构建武术价值系统的理论研究[U]．武汉体育学院学报，2008(3)．

[19]李成银，申玉山．试论近代武术价值功能的演变[J]．成都体育学院学报，1994(3)．

[20]冉学东．传统武术体系裂变的文化价值因素探悉[U]．成都体育学

院学报，2003(3).

[21]陈振勇.巴蜀武术文化探骊[D].上海体育学院，2006:9.

[22]申国卿.中国地域.武术文化的发展规律及其转型机制[J]. 中国体育科技，2001（6）

[23]张胜利.陇右武术文化研究[D].上海体育学院，2008:2.

[24]申国卿.地域武术文化研究初探[J]. 武汉体育学院学报，2008（4）.

[25]张京华.中国地域文化丛书·燕赵文化[M]. 沈阳：辽宁教育出版社，2011.